Para America em todo afeto

Menéndez
Sept. 3/2014

El cofre de mis recuerdos

Matilde L. Álvarez

El cofre de mis recuerdos

ALEXANDRIA
LIBRARY
PUBLISHING HOUSE
MIAMI

ISBN: 978-1500764012

Diseño: Kiko Arocha

www.alexlib.com

Con el susurro de mi mar y de sus olas
pongo el cofre de mi vida entre mis manos
y saco de él casi todos mis recuerdos...
de pasadas ilusiones, de sueños, de desencantos
de alegrías, de secretos, de risas y de llantos
Ellos a veces tratan de escaparse de mis manos
pero porque siempre di y recibí mucho amor
mis recuerdos me dicen que no viví en vano.

Índice

Nota de la autora

Como hice al publicar mi segundo libro, *Encuéntrate conmigo en las estrellas* (Abril 2013),he querido escribir esta nota para explicar distintas cosas. Con el pecado de estar repitiendo lo mismo, volveré a decir que no pensé ni remotamente escribir otro libro más y sin embargo... sentí unos inmensos deseos de hacerlo y... este será mi tercero, si Dios lo permite.

Los sentimientos más genuinamente míos están sin duda en las poesías que aparecieron en mi primer libro *Perfumes del mar y mis recuerdos"* (Junio 2012) y en los *Versos del Alma*, que aparecieron en el segundo (Abril 2013). En aquellos como en estos están reflejados quizás con candidez y sencillez no solo mi profundo amor al mar sino además como soy, romántica y sentimental y de espíritu positivo y alegre.

Como expliqué en mi prólogo del segundo libro, en la década de los 60 y principios de los 70, como tantos exilados, lejos de mi patria en un mundo totalmente distinto al feliz que había vivido en ella, enfrentada a una vida con muchas luchas y sinsabores, me sentía sumamente deprimida y abrumada y escribí los versos que yo llamaba "mis locuras", que luego agrupé y titulé "Amarguras". Aunque consideré seriamente eliminarlos, no pude, porque fueron sin duda como un escape a lo que estuve viviendo entonces y una gran parte de la historia de mi vida.

Para aquellos que no leyeron mi segundo libro donde en el prólogo explicaba el por qué de la otra serie de poesías agrupadas bajo los títulos Miedo y Recuerdos Malditos, tengo que volver a mencionar a un viejito adorable que conocí entonces en el trabajo y que se llamaba Gabriel Gravier. Como era poeta también empezamos a compartir lo que escribíamos. A él le dio una inmensa pena que yo siendo tan joven estuviera tan deprimida y escribiendo poemas tan tristes. Él fue el que ideó, para sacarme de ese estado, que asumiera el papel de una mujer despechada u olvidada, desafortunada en el amor y que fuera esa voz la que escribiera versos en los que se reflejaban desengaños o un amor prohibido. Al principio no tomé en serio su idea porque no era lo que yo sentía, pero al correr de los días, sí, la tomé como un desafío y para probarme y probarle a él, que apesar de que yo era muy mojigata, con imaginación, un escritor o un poeta puede desdoblarse en otra personalidad totalmente diferente a la suya.

Así surgieron en aquella época diez poemas titulados "Miedo" y cuarenta y nueve titulados "Recuerdos Malditos". Como quería publicar en mi segundo libro otros poemas además del cuento infantil, cuentos cortos y los "Recuerdos Malditos" eran tantos, que solo incluí 17 en mi segundo libro y quedaron pendientes todos los otros.

Los pendientes de la misma época que no aparecieron en aquel segundo libro, ahora aparecen en este, mi tercer libro, como "Recuerdos Malditos" II y III.

Pensé incluir en mi segundo libro dos poemas que me escribiera aquel viejito adorable, pero a última hora no lo hice.

Como le debo por sacarme de mis tristezas y a su memoria van en este, mi tercer "librito".

No sé bien el por qué a principios de este año sentí una gran necesidad de escribir otra vez y casi sin darme cuenta lo empecé a hacer. Así surgieron nuevas poesías al mar, poesías cubanas, poemas sobre la vejez y "Recuerdos de mi juventud". No son recuerdos espectaculares ni mucho menos, son solo las memorias más entrañables que tengo de una época más que feliz, llena del amor de mis padres y cuando aún estaba en mi tierra.

Espero con gran ilusión que mis amigos disfruten este libro como yo lo hice al escribirlo.

Miami, Primavera del 2014

Prólogo

Después de ofrecernos sus dos libros de poesías y de cuentos *Perfumes del mar y mis recuerdos* (Junio, 2012) y *Encuéntrate conmigo en las estrellas* (Abril, 2012), nuestra inquieta e inspirada escritora ha decidido brindarnos su tercer libro compuesto de vivencias y profundas emociones para deleitarnos una vez más al leer las páginas de sus bellos poemas y amenos cuentos, debido a su pluma artística y versátil.

El texto está dividido en seis partes: los poemas de "Poesías al Mar", "Poesías cubanas", "Recuerdos Malditos II", "Recuerdos Malditos III" y "Vejez". La última parte del texto titulado "Recuerdos de mi Juventud" consiste de catorce cuentos breves en prosa.

En la primera sección, "Poesías al Mar" la autora nos brinda veinte y dos composiciones poéticas donde nos lleva hacia su querido mar y muestra una verdadera comunión sutil y espiritual cuando busca refugio en las olas que acarician la playa. Notamos los sentimientos de amor, soledad y miedo y a su vez escuchamos los lamentos y la búsqueda constante de Matilde por alcanzar sosiego y paz. Entramos a un ámbito de imágenes brillantes (perlas, zafiros, esmeraldas y diamantes) que logran embellecer sus poemas. Mira hacia el cielo y las estrellas para darle mayor amplitud a su mundo.

En el poema#7 de "Poesías al Mar" Matilde le confiesa al mar sus más íntimas y recónditas emociones:

Te regalo lo que siento en ese silencio
porque está dentro de mí y es mi tormento
te regalo en el aire, en las estrellas y en el mar
callados, cada sentimiento que fluye hacia ti
porque es un amor inmenso escondido en mi silencio

En la segunda parte del libro, titulada "Poesías Cubanas" vemos a Matilde inspirarse directamente en el recuerdo de Cuba, su amada patria. Escribe un total de seis poemas que expresan la inmensa angustia y la nostalgia por la ausencia y pérdida de su tierra querida. En "Mi triste verso" de las "Poesías Cubanas" surge el sentimiento doloroso al recordar a Cuba en la distancia y al reconocer que la ha perdido irremediablemente aunque la sienta presente en lo más profundo de su ser.

Nace un verso, mi verso, el más triste
porque la veo tan lejos, porque la siento perdida
aún cuando en mi corazón siempre está,
aún cuando cierro los ojos y la traigo a mi vida

Debido a la amargura sentida al saber que nunca más volverá a verla, captamos vívidamente el inmenso dolor de la lejanía de su patria cuando la autora expresa "sangra esa herida" y "llora mi corazón" en el poema "Cierro los ojos". Así y todo, reconoce que jamás la podrá olvidar cuando sueña con sus campos llenos de palmas reales, de sinsontes y de mariposas.

La tercera y cuarta sección del texto se titulan: "Recuerdos Malditos II", que consta de veinte poemas y "Recuerdos Malditos III", con dieciocho poemas en total. Ahora descubrimos a una mujer enamorada que sufre intensamente debido a los innumerables recuerdos de unos amores que ella califica de "malditos". La poetisa confiesa su sufrimiento y expresa una pasión tormentosa pues ella se considera muy enamorada y desea alcanzar su gran locura de amor.

Nos dice en el Poema #1 de "Recuerdos Malditos II"

Yo lo quiero todo e intensamente
no me conformo con lo que puedas darme;
por mí has de sentir ternura y desesperación
porque si te quedas, como un loco tendrás que amarme

Expresa con sinceridad que no desea vivir "a medias" sino que quiere ser como una vorágine y como la lava de los volcanes en erupción, lo que contrasta con la expresión calmada y apacible de su amado.

A su vez, la autora escribe apasionados versos eróticos cuando nos dice en "Recuerdos Malditos II, #5:

Me hace daño sentir cuánto me quieres
y sentir tus ardientes besos
me duele la piel de sentir tu cuerpo
me sangra el corazón
cuando siento palpitar tu pecho

La poetisa prosigue con la historia y desarrollo de un amor desesperado donde unas veces duda, y otras, expresa la incomprensión del amado para finalmente diciendo en "Recuerdos Malditos II #20:

Sí, me has dejado ir y ahora sé que es
porque nunca entendiste lo que te di en mi entrega;
quizás algún día pensarás que luchar por mi amor valía la pena
pero quizás ni medir tú sepas lo que al dejarme ir
perdiste siquiera.

En "Recuerdos Malditos III" cada poema va expresando la búsqueda desesperada por un amor ausente y perdido, pero sigue soñando con su amado y admite que su corazón es "de cristal y no de hierro". Reconoce que ambos amantes son de mundos diferentes, desea oir sus palabras y no quiere que se aleje para siempre.

La autora nos dice en "Recuerdos Malditos III #17":

maldecirás mi nombre quizás
que no te importo ya más pensarás
pero dentro de ti sabrás que es mentira
porque nuestro amor es eterno e inmenso
y lo más hermoso de nuestras vidas.

Al final, ya totalmente decepcionada, en el último poema de esta sección "Recuerdos Malditos III, #18" la autora se refugia en el mar que sabe le dará el sosiego y la paz anhelada:

Matilde Álvarez

vuelvo a mi mar para en nuestra playa solitaria ahora
confesarle hoy que tengo que dar tu amor por muerto

La quinta parte del texto titulada "Vejez" consta de cinco breves poemas donde Matilde expresa sus emociones referentes a al período de la senectud. La autora recuerda su juventud y las ilusiones perdidas, y cuando piensa en los hijos que no tuvo la dicha de tener y en los sueños que se quedaron sin realizar, nos dice en "Vejez" #5:

si encuentro mis manos ahora tan vacías
¿es esto la vejez?
Y siento en mi alma algo que me aterra

La ultima división del libro consiste en una recopilación de doce cuentos autobiográficos escritos en prosa y titulados "Recuerdos de mi Juventud". Los relatos se remontan desde el comienzo de la vida de la autora hasta la víspera de su boda.

En el primero titulado "Mis padres", Matilde nos confiesa con gran orgullo y amor todo lo que significaron ellos en su vida: su formación, sus valores inculcados y, por supuesto, su sólida moral, que fue el pilar de fortaleza que le sirvió de gran ejemplo para poder vivir con respeto y dignidad.

"La casa de mis padres, mi casa" describe minuciosamente el hogar donde vivía la familia en la Habana Vieja. Es una descripción llena de delicadeza y dulzura, donde la autora recuerda los espacios interiores donde habitaban. Sus conocidos la llamaban "La Casa del Pueblo", pues en ella reinaba la armonía y se respiraba un ambiente muy acogedor.

En el breve relato titulado "Recuerdo Feo de mi Niñez" vemos a Matilde de pequeña con sus aspiraciones de "bailarina" cuando tomaba clases de ballet en el Conservatorio Municipal con una maestra rusa. Pero, con gran tristeza tuvo que abandonar sus deseos de llegar a ser bailarina de ballet debido a una crítica desagradable de uno de sus vecinitos.

La llegada de un canario a casa de Matilde inspiró a la autora a escribir "Mi querida Gaby", relato extraordinario donde podemos apreciar y reconocer que entre un ser humano y un pequeño canario pudiera existir una asombrosa y verídica comunicación.

El cuento "Angelita" trata de la época en que la autora estudiaba Filosofía y Letras en la Universidad de la Habana. El día que fue al Museo de la Catedral de la Habana, lo que más recordó fue su encuentro con un pequeño gorrión herido que se encontraba en las afueras del Museo y que ella decidió cuidarlo y alimentarlo con cuidado poniéndole por nombre "Angelita".

En "Tremenda vergüenza" la autora nos relata una experiencia que tuvo en un baile en el pueblo de Batabanó. Hubo un malentendido entre el muchacho que la sacó a bailar y ella, pero en realidad no hubo atrevimiento de parte del joven. Como ella lo había despreciado en el medio del salón, el joven desapareció de la fiesta sumamente avergonzado y no lo volvieron a ver.

Con el relato "Sorpresas en Zaragoza" junto con los siguientes seis cuentos del texto, Matilde nos ofrece impresiones de viajes recorridos en el extranjero. Las "peripecias" vividas por Matilde y sus amigas en la ciudad de Zaragoza están llenas de simpáticos e inolvidables episodios. En fin, el sueño de Matilde por visitar esa bella ciudad española, se convirtió en un recuerdo imperecedero.

"Elogios y maldición" nos cuenta de la vez en que en la ciudad de Granada la autora conoció a una gitana que primero la halagó mucho, pero que después le lanzó maldiciones.

"Pánico en Tánger" es un extenso cuento en que conocemos las aventuras de la autora y sus amigas en la ciudad de Tánger. Siguiendo los consejos de Matilde, el grupo decidió dirigirse hacia el continente africano. Ya en Tánger todas pasaron muchos sustos, debido a los supuestos peligros encontrados en ese lugar.

"El polifacético" es un simpático cuento de lo que las chicas pasaron en un hotel sevillano. Resultó que a las jóvenes les extrañó mucho que el jardinero, el oficinista, el maletero, el camarero y hasta el cocinero que las atendió había sido la misma persona.

En "Otra vergüenza más" la autora nos relata la graciosa aventura que tuvo en las afueras de Madrid, cuando Matilde se decidió a esquiar en la nieve por primera vez en su vida.

En "No paran las vergüenzas" nos cuenta de lo que le ocurrió con una jarrita de Limoges, que iba a ser un "souvenir" de su viaje por Francia.

Finalmente en el último cuento de sus viajes por el extranjero titulado "Tremendas compras" la autora, estando en París, nos cuenta lo sucedido con los artículos que había comprado como recuerdo de su viaje a Francia.

"Turi" cierra con broche de oro los cuentos autobiográficos escritos en prosa por Matilde Alvarez. Ahora nos cuenta de su perrita Turi, que fue adoptada por Matilde antes de su matrimonio. Fue una perrita maravillosa, inteligente y mansa que colmó de felicidad a la autora. Fué su primera perrita.

Para finalizar, al recorrer el texto de Matilde, reconocemos que nos encontramos ante una escritora plena de alta sensibilidad y ternura. Cuando recuerda el mar que le trae la paz anhelada, cuando rememora su amada patria y cuando nos comunica los ardientes amores hacia sus seres queridos, podemos apreciar sus vivencias, lo que logra estremecer al lector. A través de sus poemas y relatos en prosa nos muestra su sencillez y sinceridad donde palpitan unas muy profundas y sentidas emociones. Con una prosa sencilla, nítida y cadenciosa, Matilde nos lleva por su maravilloso mundo colmado de experiencias y recuerdos inolvidables.

Ellen Lismore Leeder
Profesora Emérita – Barry University

Respuesta a "mis locuras"
(Versos para Matilde Álvarez)

Amas la soledad, es tu quimera, amas el ala y la raíz, la vía
    de alcanzar la infinita primavera interior, luz eterna de
    armonía.
Adoras el amor, la sementera que florece en tu pecho:
    sinfonía de tu verso, suspirante enredadera arraigada en
    tristezas y alegría.
Hay una diagonal que se columbra en el secreto de tu vida;
    alumbra tu espíritu sutil hacia el ensueño.
Tu sensibilidad corre pareja con la barca invisible que se
    aleja para llevarte al puerto de tu sueño.

II

Tu verso es como un vino burbujeante, dentro de cada
    ampolla parpadea el lenguaje armonioso de una idea que
    irradia como el halo de un diamante.
En tu verso se agita suspirante un trino, una canción; y es
    Astartea la que te dicta el verbo emocionante de mítica
    ficción: himnos solfea.
Te adiviné, Matilde; no me asombro que nazcan alas del
    cáliz de tu hombro: mariposa, azucena, ruiseñor.
Encarnación de bellos simbolismos. Como te embriagan
    altos idealismos el triunfo de tu alma es el AMOR.

Grabriel Gravier - "Dias del destierro" Mayo 16 de 1974

I

Poesías al mar

1

Frente a mi amado mar con sus olas converso
ellas me entienden bien cuando mis quejas les cuento
y le piden al mar que con sus blancas arenas
no solo me traiga paz sino que vigile mi sueño
y convierta en coral la roca donde me duermo.

2

Volví a sacar mi blanco velero, lo invité a bailar con las olas,
invité a mis gaviotas a irnos juntas al horizonte lejano
a cantarle a las nubes, a respirar aire salobre y tocar el cielo
al sentirnos tan libres y felices al remontar el vuelo
y a buscar corales para mi mar y decirle otra vez que lo
   quiero.

3

Mar, ayer te vi casi negro y me dio tanto miedo…
te necesito en calma cuando vigiles mis sueños
que tarrayas de plumas de gaviotas me cobijen toda
cuando vengo a tus arenas a conversar contigo
y me duermas con mis manos tocando una estrella.

4

Sí, parecen gaviotas juguetonas
regalando sus plumas al viento
pero es mi corazón disfrazado
cuando lanza hacia el cielo
todos sus tristes lamentos.
No encuentro felicidad ni paz
aunque las busque por todos los senderos
no debo sentir lo que siento
pero no puedo negar lo que siento
por eso mi vida ha sido un soñar eterno.

Matilde Álvarez

5

Nunca jamás podrás saber cuánto te he querido
todo lo que mi corazón te regalaba
porque para ello tenías que haber podido
entre tus brazos tener el mar y el cielo unidos
oyendo el murmullo de las olas
para ir comprendiendo mis quejidos.

6

Volví a invitar a mis gaviotas blancas
a jugar con las olas y a buscar las perlas
y esmeraldas en la tarraya de una playa
que mi mar escondió para mí como sorpresa
junto con sus espumas bordadas de diamantes
soñando como sería hoy para el mi entrega.

Matilde Álvarez

7

Te regalo mi silencio que es lo que puedo
cuando siento tu presencia en mi vida
y te regalo un amor que es mi secreto.

Corro a mi mar a pedirle que me calme,
que me ayude a esconder ese amor que es imposible
pero que en cada ola a ti te entregue callado
el amor que por ti siento que es mi secreto.

Te regalo lo que siento en ese silencio
porque está dentro de mí y es mi tormento
te regalo en el aire, en las estrellas y en el mar
callados, cada sentimiento que fluye hacia ti
porque es un amor inmenso escondido en mi silencio.

8

Dime otra vez cuanto me quieres,
que soy tuya y tu amada marinera,
que me mandas mensajes con tus veleros
y tus gaviotas también te dicen mi mar,
lo mucho que yo te quiero.

Matilde Álvarez

9

Frente a ti, sentada en tus arenas
vinieron las gaviotas de ti, mi mar, con un secreto,
que ansiabas que yo te amaba te dijera.
No necesitas jamás conmigo, mensajeras
porque te he amado siempre y soy muy tuya
desde que me tiraste tus redes y te di mi vida entera.

10

Mar, mi mar, cuánto te quiero y cuánto entiendo
que me regalas tus espumas y tus olas también
pues ellas me dicen en secreto que eres tú,
tú, el que mi cuerpo envuelve muy quedo.

Yo te regalo todo mi amor que es cuanto tengo
y te entrego en cada una de tus olas,
pues sabes bien que siempre te he amado
aunque el secreto que fui y soy tuya
en tu tarraya lo estoy escondiendo.

Matilde Álvarez

11

Mi mar, apacible y silencioso
con tus espumas callado a mi vienes
cuando te espero en tus arenas
para entregarte los corales de mi amor,
y que en mi tarraya que es ahora marinera
te regale también todos mis sueños y quimeras.

12

En una gaviota me voy a volver para ti
para tocar tus olas en todos mis vuelos
y que sepas, mi mar, que es así como te beso
para que tu nunca olvides, mi mar, cuánto te quiero.

Matilde Álvarez

13

Estabas tan hermoso esta mañana
que corrí a tus olas a decirte cuánto te amaba;
mis gaviotas blancas de testigo
vieron como te entregaba hasta mi alma
y tú, mi mar, en espumas cual diamantes
me rodeaste toda y me dijiste
que eras tú, a mí, el que más amaba.

14

Un amigo me preguntó por qué, mi mar, te amo tanto
y es más, que ya sin ti, mi mar, nunca podría vivir.
En las alas de tus blancas gaviotas por ti a volar aprendí
para entre las nubes tocando el cielo sentirme feliz.

Me enseñaste a oír en tus olas lo que me querías decir,
en mi balandro me llevaste a navegar contigo
para que viera como tú convertías en diamantes mi llanto
para que así encontrara en ti la paz que necesitaba tanto.

En tus cálidas arenas me preparaste de amor un remanso;
al caer la noche siempre trajiste todas las estrellas
para mí sola, y ponerlas en mis manos
y con tu silencio y con tu brisa se esfumaron
todas mis tristezas y quebrantos
es por todo eso que soy tuya y que te amo tanto.

Matilde Álvarez

15

Vuelvo a sacar mi balandro marinero
para con mis gaviotas blancas
volver a decirle a mi mar cuánto lo quiero
y pedirle que al caer la tarde me espere
en sus orillas en silencio cuando vuelvo
a traerle como regalo mis corales y mis sueños
y repetirle otra vez más que lo amo y que es mi dueño.

16

Mi mar, sentada en tu orilla vine a conversar contigo
porque siento una tristeza muy grande y solo en ti confío
que mitigues mi dolor y que en tus arenas me des abrigo
¿Por qué tengo que sufrir tanto en mi vida?
¿Por qué es difícil que me entiendan cuando tan poco pido?
¡y es tanto lo que entrego a cambio!
dime por qué es ese mi destino…
Llévame en tus olas a navegar de nuevo
para con sus caricias tener alivio
y cuando regrese a tu playa saber que tu estarás ahí
para hacerme sentir feliz y amada
y para cubrirme con tus espumas y regalarme tus zafiros.

Matilde Álvarez

7

Voy a tejer una tarraya con espumas de tus olas,
tus corales, y de tus gaviotas suaves plumas
y al echarla en tu orilla, dormirme en ella
al encontrar silencio y sentirme en calma
al saber que estás conmigo y no estoy sola.

18

Escucho tus veleros cantando al navegar en calma
sintiendo las caricias de tus olas en sus costados
sabiendo que al caer la tarde encontrarán tu puerto
donde descansar en paz y donde me oirán decirte, mi mar,
otra vez ¡cuánto te quiero!

19

Mi mar, regálame tus espumas que lucen cual diamantes,

invita a tus gaviotas a regalarme sus blancas plumas

que quiero en tu playa y en tus arenas esconderme

para encontrar la calma y en paz dormirme

cubierta solo con el frescor de tus espumas

y por almohada la suavidad de aquellas blancas plumas.

20

No sé por qué me regalas corales con tus perlas
y los zafiros de las olas que te adornan me los entregas
para que yo me sienta en paz y que soy tu reina marinera;
¿por qué si sabes que te amo y solo para mirarte y
    quererte vivo?
y al encerrarme en tus arenas te entregué mi vida entera.

Matilde Álvarez

21

Suspirando estoy por verte, mi mar amado,
cuando al caer la tarde vienes, a mí callado
a encontrarme, mi mar, en tu playa,
para que te cuente las aventuras de mis veleros
y contar tú, que por amor tus olas me los mecieron
pero tus gaviotas te dicen que escuches bien
porque te estoy repitiendo lo mucho que yo te quiero.

22

Vine a dormir en la tarraya que me preparaste
tejida con las plumas de tus gaviotas y tus perlas
cuando al caer la tarde vengo a encontrarme contigo
para sentir tu amor y descansar de tantas penas.

Matilde Álvarez

23

Tuviste celos de mi fascinación por los blancos veleros
creaste tormentas para ellos y tus olas rugieron;
eres caprichoso e impredecible, mi mar, pero así te quiero
porque sé como calmar tu ira y tus celos con mis besos.

24

Estoy aquí con mi mar
al que mis cosas le cuento
él no solo sé que me escucha
sino manda suaves olas
para acariciar mi cuerpo.
Alguien me dijo que el mar para mí
era como un amante secreto...
amante sí, pero no secreto
pues hasta las nubes del cielo
me han oído infinitas veces decirle a mi mar
cuánto lo necesito y cuánto lo quiero.

Matilde Álvarez

25

Caracoles y zafiros, perlas y corales,
mi mar, los engarzas en tus olas
para cubrirme con ellos cual tu tarraya,
cuando al venir la noche y salir las estrellas
sabes que vengo yo a dormirme en tu playa.

26

Déjame decirte otra vez, mi mar, cuánto te quiero
y sé también que cuando meces mis veleros
son tus olas diciendo "yo también te quiero"
Cuando vuelo con mis blancas gaviotas
al huir de tristezas escapando al cielo
sé que me vigilas y tus espumas envías
a nuestra playa a encontrarte conmigo
a cubrirme con tu tarraya y llenarme de tus besos
pues sabes que para tener paz y amor a ti siempre regreso.

Matilde Álvarez

27

Mi mar, ya no oirás mas de mis tristezas.

Al entregarme tu amor en tus arenas

me siento muy feliz

y al envolverme tus redes bordadas con las perlas

que recogiste para mí, llenas de nubes y de estrellas

fui tan feliz, que se esfumaron mis tristezas,

y me hiciste tu marinera.

28

Tus arenas resbalan entre mis manos cual caricias
y las espumas de tus olas
me envuelven toda para decirme siempre
que me amas como yo a ti,
y con nuestras gaviotas de testigos
para que encuentre la paz contigo
me cubres con tu tarraya de corales y zafiros.

Matilde Álvarez

II

Poesías cubanas

1

Mi triste verso

Nace mi verso como lava encendida
que corre veloz para tapar una herida
nace mi verso como plumas de gaviotas
que al viento doy de regalo, esparcidas
para que esfumen el dolor de mi alma entristecida.

nace mi verso como quimeras de mi alma marina
cuando le hablo al mar que amo tanto y que alivia
ese dolor que tengo dentro, que me abruma y hostiga
cuando extraño a mi tierra y la veo tan perdida.

nace mi verso soñando con mis palmas erguidas
oyendo a mis sinsontes, soñando con mi campiña
¿como ocultar entre estos versos la nostalgia
por mi tierra lejana, por mi isla querida?

nace un verso, mi verso, el más triste
porque la veo tan lejos... porque la siento perdida
aun cuando en mi corazon siempre está
aun cuando cierro los ojos y la traigo a mi vida.

Nace mi verso en una tarraya,
pues oculta entre corales y perlas escondida
está la amarga nostalgia que invade mi vida

y el dolor silente de mi alma entristecida
porque nace este verso con el dolor de mi patria perdida
que ha dejado en mi corazón para siempre una herida.

Matilde Álvarez

2

Cierro los ojos

Cierro los ojos y vuelo hacia ti
mi patria tan querida
¿crees que porque estoy lejos
de que no volveré a verte
no me sangra esa herida?
¿cómo arrancarte de mis sueños
con tantos recuerdos de mi vida?
llora mi corazón amargamente
mi tierra querida
porque no te volveré a ver
y para mí estás perdida.

3

Estás siempre presente en mi vida
lo mismo despierta, lo mismo dormida
cuando cierro los ojos y sueño
con tus jazmines y sinsontes
con mis palmas reales tan queridas.

si sueño con tus bohíos huelo a café
si vuelo a tus campos no me siento perdida
pues tengo tu tierra sembrando en mi alma
nostalgias, recuerdos y una herida
que sangra constante al sentirte perdida.

Matilde Álvarez

4

La perdí; me quedé sin patria
y allí enterré ya todos mis sueños
que mi vida que tan alegre luce
está llena de dolor y de silencios.
Casi nadie sabe todos mis secretos
que a veces, para no volverme loca,
los repito a solas y los lanzo al viento.

5

Mi mariposa blanca, mi mariposa tan querida
tus pétalos son como las alas de un alma herida
y tu perfume cual incienso que busca volar
sin descanso hacia la patria perdida.
representas lo mejor de mi vida,
bellos recuerdos de mi infancia y juventud,
de tantas alegrías en mi tierra vividas.
eres chiquitica y etérea, estás casi escondida
pero sé bien que es también porque como yo,
así buscas ocultar y pretendes negar
que tenemos en el corazón la profunda herida
de sentirnos tan lejos de nuestra patria querida.

Matilde Álvarez

6

¡No sé cómo puedes decir que jamás piensas en ella!
por el precio que pagaste por dejar nuestra tierra…
que ya ni la recuerdas… que la borraste de tu vida.
No sé si envidiarte o llorar por lo que eso representa,
pero he hablado con mi tierra, y le he dicho que no le duela,
que no sufra, si tú, ni la recuerdas
que nunca jamás olvide
que yo la amo más que nada en el mundo,
que la amo tan inmensamente
por mí, por todos sus hijos, y el doble, por ella.

III

Recuerdos Malditos II

1

Acéptalo todo tú, que yo me niego
a vivir a medias, a medias darme.
Te lo dije antes, quiero rebelarme,
si no lo quieres tú, vete, que al alejarte
encontrarás en otras lo que buscaste.
Recuerda… yo no estaba en tus planes.
Resígnate a tu mundo, vive en paz
que yo quiero la lava de volcanes
y salgo con mi balandro
hinchando mis velas, a cruzar los mares.
Yo lo quiero todo e intensamente,
no me conformo con lo que puedas darme,
por mí has de sentir ternura y desesperación
porque si te quedas, como un loco tendrás que amarme.

2

A pesar de la distancia te siento cerca
conversando conmigo como ayer,
como si nuestras almas sobre el mar
para encontrarse se extendieran.
A veces he pensado que son solo mis sueños
que a pesar de todo no me recuerdas
pero cuando cierro los ojos para pensar en ti
te siento muy cerca y que me miras y me besas.

Siento que lo nuestro fue algo muy especial...
Nos contamos nuestras vidas poco a poco,
nos empezaron a acercar cosas pequeñas,
poco a poco entraste a mi mundo, aunque
más de una vez te sorprendí con mis locuras y quimeras.
Compartí contigo secretos que antes escondiera;
y sé que dijiste cosas tuyas que mucho te dolieran.
Teníamos miedo los dos, pero nos acercamos
pasándonos igual alegrías que tristezas.

A veces no entendí expresiones en tus ojos,
a veces tuve angustia de que no supieras
entenderme tú a mí y cómo yo era,
pero escuché las palabras de amor que no dijeras
y estaré loca, pero a pesar de todo te siento cerca.

Matilde Álvarez

3

A veces quisiera inculcarte mi vida
para que te perturbaras y enloquecieras por mí,
sacarte de ese mundo apacible y en calma,
para en una vorágine hacerte vivir.

Que te comieran los celos a veces
que te ahogara el deseo de sentir
mi boca pegada a la tuya
y mi cuerpo por el tuyo latir.

Que sintieras remansos y tormentas
para que vibraras y te sintieras morir
con cada caricia o cada recuerdo
para que supieras lo que yo siento por ti.

Que aprendieras a sentirlo todo intensamente,
que como yo abarcaras, el mundo en tu pecho;
que aprendieras con el alma a sentir
porque así sabrías tú, lo que significa vivir.

4

He tocado las nubes con mis manos
y abarcado el horizonte entre mis brazos
porque que no me besabas hacía tanto...
Ahora me besaste y en tus labios
había algo mío, algo extraño,
que te llevaste, que me dejaste
como rubíes entre mis manos
porque extrañaba tus besos tanto y tanto...

5

Me hace daño sentir cuánto me quieres
y sentir tus ardientes besos.
Me duele la piel de sentir tu cuerpo
me sangra el corazón
cuando siento palpitar tu pecho,
y queriéndote como te quiero
sólo nos decimos... hasta luego.

Quememos nuestras naves
juntemos nuestros fuegos
huyamos juntos a otro mundo
que no sea como éste, un infierno...

6

No quise aprisionarte, ni encerrarte
en el cerco de amor que te entregaba.
Vestida con mi verdad y mi esperanza
nos miramos y se acercaron nuestras almas.
Ese cerco era de ilusiones y palabras,
de risas, secretos y guirnaldas,
de ternura e incienso de mis brasas…

No quise aprisionarte, ni abrumarte
porque yo también necesito el horizonte
para amarte;
necesito el infinito y el universo entero
para volar y poder darte
este inmenso amor que por ti en mi late…

Pero huir así y en el silencio aislarte
no lo comprendo; eso es negarme.
No extender tus manos para acercarme
es, las alas de un sueño arrancarse por tener miedo
y me pregunto ¿cómo eres tan cobarde?

Matilde Álvarez

7

No sé que hacer con el caudal que tengo
de amor y de pasión
más que esconderlo o regarlo al viento…
Él no puede alcanzar mis brazos,
él no puede cobijarse en mi pecho;
sé que nuestras vidas van paralelas y es imposible
que coincidan aunque sea en un corto trecho…

¿Qué he hecho Señor, de mi vida y del dolor que tengo?
Sentirme culpable a veces… o sentir que era de hielo..
y no sería tan difícil acercarnos y querernos…
de esta forma tierna y loca, de volcanes
con el calor sofocante de un desierto..
con la alegría de aplacar la sed estando sediento..
Extiende tus manos y ven a tomar mi amor
y el torrente que te ofrezco,
pues estoy harta de este amor seguir regando al viento.

8

No vas a tener todo el caudal de lo que siento;
mi lava convertiré cuando lo quiera en puro incienso.
Porque sí, me tienes que amar como te quiero,
y sólo acepto tu silencio porque sé tu miedo.

Yo no tengo puesta coraza para amarte
pero ese amor nunca voy a regalarte
si no siento que por mí tu sangre arde
porque como yo a ti tendrás que amarme.

Matilde Álvarez

9

Quiero alejarme en un sueño infinito
quiero irme a otro mundo distinto
donde no haya amor tal vez, pero sí calma;
donde no haya ilusiones para mañana
pero tampoco recuerdos que nos matan,
donde pueda cerrar los ojos sin verte,
y para que vuelva a ser mía mi alma.

10

Recuerdos que hieren por tu ausencia,
que agigantan mi dolor por tu silencio
que tienen sabor amargo a lejanía
porque abrace sin dudas tus mentiras
cuando creí que también tú me querías...

Matilde Álvarez

11

Riego sonrisas cuando de ti me acuerdo
pues al correr del tiempo eres sólo un pálido recuerdo
ya que no supiste entender ni abarcar
el palpitar del infinito que te regalaba con mis besos
y los misterios del mar que te entregaba con mi cuerpo...
No supiste ni aquilatar ni entender
que el aire para ti yo convertía en perfumado incienso
y las penas que tenías transformaba en locos sueños..
No creías que por tu amor hubiera puesto
a tus pies hasta el mismo cielo...
No supiste entender que por ti en mi pecho
había solo mariposas y gardenias,
esperanzas y sonetos... para que fueras tú feliz
con ese palpitar del infinito que te regalaba con mis besos
y los misterios del mar que te entregaba con mi cuerpo...
Ya ves, hoy ni en ti pienso y sólo sonrío cuando te recuerdo
aunque tal vez llore al pensar que tú en vida ya estabas
    muerto.

12

Sí, he pensado un poco en ti estando ausente...
cuando recordé tus caricias en mi piel
sí, a veces... y soñando... estuviste presente...

A veces cuando ví a otros besarse
viniste un instante a mi mente
y a veces cuando respiré aire salobre
frente al mar estuviste presente...

A veces si una pena me cala dentro y estoy sola
converso contigo en silencio... calladamente
a veces si recuerdo tu pecho apoyado en el mío
cierro los ojos para olvidar que estás ausente.

Cuando creo que no me recordarás allá lejos
te arranco a jirones de mi mente
pues solo a veces siento tu garra dentro de mí
solo a veces te extraño desesperadamente...

Pero me he jurado que tú no lo sabrás jamás,
que es mentira que en mi vida estás presente,
pues hasta yo necesito creer muchas veces
que solo he pensado en ti un poquito estando ausente...

Matilde Álvarez

13

Sé que hay algo mío dentro de ti cosquilleando...
y no voy a medir lo que hay tuyo dentro de mí
a cambio...
Hoy me conformo con verme en tus ojos
y leer en ellos a veces que me estoy enredando
en tu vida, dando paz o deseos... así estoy yo ya
en la sangre de tus venas... aunque lo estés negando.

Pueden tus labios seguir con cautela
hablando de espejismo o ilusiones,
sé que hay algo mío dentro de ti cosquilleando...
Sigue a ti mismo lo que quieras explicando...
con mi vara yo lo mido,
siendo ahora de cristal cuando fui mármol...
Para mi bien o mi mal, hasta al aire voy contando
aunque nunca lo oirás tú, de mis labios
con ternura y furia de volcanes ya te estoy amando.

14

Te regalo mi amor que es lo que tengo
cuando frente al mar yo te recuerdo...
y te regalo mi amor en cada beso.
Cuando siento tu presencia en mi vida
te regalo este amor que es mi secreto...

Te regalo un amor en el que no crees
porque quieres medirlo y es tan etéreo
que está regado en el aire, en el sol, en el mar
y en cada sentimiento que fluye hacia ti
a través de la distancia y del silencio...

Te regalo en secreto mi amor que es lo que por ti siento,
porque sí, te quiero y te lo regalo en silencio,
y a cada instante porque te beso
a través de esa distancia y de ese silencio
cada vez que estoy junto a ti, cuando en ti pienso.

Matilde Álvarez

15

Vas a sentir el mismo infierno que yo siento;
así será, tiene que ser y presiento
que por mí latirá tu sangre y se romperá tu pecho
y como yo, en que nos encontramos, maldecirás
    el momento.

Un día la vida te parecerá vacía sin mí, tus brazos
    me buscarán
querrás con tu lava arrasarme y tu sangre por mi clamará
pero en vano y en silencio por mis besos tu llorarás.

Así tiene que ser y así presiento,
que como yo, en que nos encontramos maldecirás
    el momento
porque sabemos bien lo que es vivir sin esperanza
    en un infierno.

16

Aunque te haya dicho que lo nuestro terminó
mira en mi pecho y verás
mi amor y que soy tuya... y sabrás que no...
Cuando sientas que el aire te envuelve
y un perfume a gardenias te llegue
tú sabrás que soy yo...
Pues aunque quiera negar tu amor
y aunque te diga que lo nuestro terminó, no lo creas,
pues te amo demasiado aunque me alejé
verás mis lágrimas y sabrás que no...

17

Tú nada tienes que ver con mi alegría
ni con las lágrimas que me bebo,
con las ilusiones truncadas, ni con mi paz.
Hasta mis angustias, ¡todas son mías!

18

Encuentro manantiales en mi corazón
que no comprendes… no estoy loca ni estoy perdida;
sigo mi camino feliz pues soy fuerte y valiente,
azucena y rosa roja, jazmín y trino.
No puedes abarcar tú mis torrentes en tus orillas
y ni entiendes cuanto me recuperé de mis heridas.
Sigue tu camino, no pares en el sendero
tú no tendrás ya jamás cabida en mi vida
porque mi corazón a ti te dio por muerto.

Matilde Álvarez

19

Silencio que de ti me separa, que seca manantiales
   de palabras
que ahogan mi garganta;
silencio que pedazos de mi alma arranca
y que mi soledad y tristeza agigantan.

Silencio que un mensaje de dolor me alcanza,
que me dice que no me amas, que todo cuanto te regalé
en tu vida no significó nada… pues querías en mi
   tu esclava
y todo cuanto te decía, para ti eran tontas palabras.

Silencio que nuevos surcos dejan marcados en mi entraña
nuevos sembrados de desencanto e indiferencia
que se anudan también en mi garganta,
más sollozos que me ahogan, más dolores que me matan.

20

Muchos caminos cruzaron por tu vida;
has recorrido muchas sendas,
y quizás un día pensaste
que yo fui solo otra mujer que poseyeras
Hoy sabes que no es así y si ir me dejas
es porque nunca entendiste lo que te di en mi entrega.

Te di poesías, baladas, perfume a madreselva,
sueños y ternuras, mezclados con mis quimeras;
un corazón hecho cristal para ti,
el encaje de mis sonrisas para incrustarlo en tu piedra,
alegría por sentir y esparcir amor a manos llenas.
El regalo de mi riqueza interior,
una pasión gitana para aplacar tus tormentas,
un tronco donde apoyarte si querías compartir tus penas.

Sí, me has dejado ir y ahora sé que es,
porque nunca entendiste lo que te di en mi entrega
quizás algún dia pensarás que luchar por mi amor valía
      la pena
pero quizás ni medir tu sepas lo que al dejarme ir,
…perdiste siquiera.

Matilde Álvarez

IV

Recuerdos Malditos (S) III

1

Ven a mí, mi amor, aunque estés lejos,
que yo iré a ti a través de la distancia y del silencio
a tus brazos a esconderme
en el cerco de amor que tengas para mí en tu pecho.

Vendré a entregarte el incienso de mi vida
y mi amor por ti vueltos caricia.
Cuando piense en ti estando tú ausente
cerraré los ojos para soñar contigo
y al cerrar los ojos estarás ahí conmigo
dándome tu calor cual brasa ardiente.

No lucho más, no puedo negar el amor que te regalo,
déjalo calar en ti como yo quiero,
escóndeme en tus brazos, siente lo que yo siento,
vivamos en nuestro mundo tan especial y tan aparte
lleno de secretos, tus locuras y lava de volcanes.

Ven a mí, mi amor, aunque estés lejos
que yo también a ti iré a través de la distancia y del silencio
a darte todo mi amor, porque sabes bien cuanto te quiero.

2

Tengo que llenar tu vida, sí, porque soy tan tuya
que lo eterno, el infierno y el infinito abarcaste
y te entregué mi ternura y la furia de volcanes.
Seré parte de tu historia, todo un día quedará atrás,
pero espero que sepas cuánto te amé siempre
y me sentirás dondequiera que estés y también sabrás
que si viviste un día, fue porque también así me amaste.

Matilde Álvarez

3

Te regalo un amor infinito con mis besos
que tan solo en sueños puedo darte
y me vuelvo las olas del mar
para poder ir hasta ti y tocarte.

No sé si me podrás entender algún día
pues mi mundo para ti es desconocido.
Yo nunca sentí lo que hoy por ti siento
y necesito por igual tu pasión y tus deseos
pero también ternura en tus besos.

Soy volcán y brasas para ti, lo sabes bien,
pero mi corazón es de cristal y no de hierro.
Trata de entenderme con paciencia y no me hieras
al menos porque sabes bien cuánto te quiero.

4

Ven, encuéntrate conmigo en aquella playa,
esa, que me regalaste un día e hicimos nuestra;
a ella voy en mis sueños a entregarte mi amor
ven, que necesito verte y decirte que te quiero.
A ella voy siempre para ser tuya
ven, que necesito entre tus brazos estar
y si cierro los ojos y no estás allí, me muero.

Matilde Álvarez

5

He cerrado los ojos para sentirte cerca…
he cerrado los ojos para pensar en ti…
He vuelto a soñar que un milagro es posible
y me aferro a ese sueño para poder vivir…

He cerrado los ojos para recordar tus besos,
he cerrado los ojos también para tus caricias sentir;
sé que he dejado mi amor en tu pecho
y me aferro a esos sueños para poder vivir.

Ahora cierro los ojos para calmar mi vida,
pretendiendo que es posible un milagro.
Y no sé ya como voy a poder sonreir,
porque de nuevo me ha tocado fingir.

6

Quiero tu pasión, pero no la que termina,
no la que arrasa y destruye
cual fuego en un bosque que solo deja cenizas…
quiero la del fuego perpetuo,
que da calor y luz a nuestras vidas,
pasión que brota en la entraña y germina,
en sueños y peleas, violencias y caricias,
floreciendo en entregas de secretos y sonrisas.

Quiero amor puro de ti además de tu pasión,
de ese mundo extraño tuyo que llegó a mi vida
Quiero tu amor, sí, y sólo para mí,
porque tendrás que amarme sin medida.

Matilde Álvarez

7

Trata de dejarme aislada de ti por el silencio

y verás que no puedes vivir así aunque lo quieras

pues dentro de ti me sentirás

porque te he dado ilusiones con mis estrellas,

cascadas de agua fresca, calidez de mis arenas,

y para que me abarques con tu tarraya:

mi mar de esmeraldas y de perlas.

8

Dentro de ti me sentirás
porque te he entregado todo de mi vida y mis vivencias
con lágrimas entretejidas con mis quimeras.
Te quiero y me vas a tener que amar de igual manera.

Dentro de ti me sentirás aun con tu silencio
con la pasión que te dado sin tibiezas,
recordarás mis miradas y mis sonrisas
y también me amarás aunque no quieras.

Ya verás que estoy dentro de ti viviendo
que mi recuerdo y mi amor te atormentan,
y me levantarás el castigo de tu silencio
porque sabes cuánto me amas aunque no quieras.

Matilde Álvarez

9

Quisiera que de verdad me oyeras
que al hablarme y al verme
que me metieras dentro de ti
para que pudieras comprenderme.

Vengo de un mundo tan distinto al tuyo
que necesito mucho que me entiendas...
Quisiera que me extrañaras siempre,
que también en la brisa suave que te toca me sintieras,
que no solo te embriagara el perfume de mi amor ardiente
sino también que sintieras mi amor vuelto solo caricia
cuando vienes a mi también a mis besos beberte.

Quisiera que necesitaras mi pasión y también mi ternura
para darte esa dimensión de mi amor
que abarco con mis redes
que quisieras siempre en tus brazos envolverme
y que se volviera también tierno tu corazón al quererme.

Es tanto lo que te quiero. Quisiera tanto... y solo de ti
que te tengo miedo y necesito de tu amor protegerme
porque si no tengo esa dimensión de tu amor también,
en una noche de total olvido, quisiera para siempre
    perderme.

10

Callas y necesito tanto tus palabras...
tengo que adivinar lo que pasa por tu alma
pero cuando te enojas conmigo siempre callas y callas.
Cierro los ojos para encontrar la calma
cuando sueño que a pesar de todo también me extrañas
y te beso a pesar de todo y de tu distancia.
Quisiera que mi recuerdo te acariciara,
que lo que vivimos juntos te acercara,
pero sé que ahora espero inútilmente tus palabras.

Matilde Álvarez

11

Si no soy como tú quisiera
aléjate de mí ahora, estás a tiempo.
Si no quieres darme tu amor, vete y deja que yo pierda
la ilusión de que tú como yo soy, también me amabas.
Te di todo de mí con mis caricias y el fulgor de
    mis arenas
en los pocos instantes en que mi vida compartieras...
Nada te ata a mí, eres libre, aléjate de mí, sigue otra senda
trata de olvidarme si es que puedes;
aléjate ahora y trata si es que puedes
de no pensar en mi siquiera.

12

Estarás bravo conmigo, pero mi presencia te llegara
    constante
estará latiéndote en el pecho
sentirás mi fuego por las venas penetrarte
soñaras con mi cuerpo tembloroso
sentirás mis labios y mis ojos acariciarte.

Estarás bravo conmigo, pero me sentirás
en el silencio de la noche cuando despiertes.
Cuando el sueño fugaz de ti escape
recordarás que si estuviera incrustada en ti
con mi calor acunándote dormir te sería tan fácil...

Estarás bravo conmigo, pero me sentirás al caer la tarde
cuando las aves vengan a los árboles a cobijarse
me verás a mi acostada en la yerba fresca
y te torturará el deseo de abrazarme.

Estarás bravo conmigo, pero me verás en la playa
    esperándote
y querrás enredarte en mi pelo
para el calor de mis arenas entregarte
y te quemará el deseo de besarme.

     Matilde Álvarez

Estarás bravo conmigo, pero me sentirás hecha brisa y
    perfume rodearte
sentirás mis labios y hasta mis ojos acariciarte
cerrarás los ojos para buscarme
y me maldecirás quizás para poder calmarte.

13

Ojalá sientas cuán grande es el amor que te regalo
porque vivo solo para poder verte
y mandarnos mensajes secretos que nadie sabe
ansiando con locura poder también besarte,
despertando cada mañana soñando que fui tuya
y que ansíes tú también en mis brazos quedarte.

Matilde Álvarez

14

Ganaste tú, sólo por lo mucho que yo te amo.
He entrado a tu mundo de locuras que no entiendo
pero eso poco me importa ya, pues solo quiero
que me ames y que seas feliz conmigo
y ya nada cuenta más que estar contigo.

Yo vivía porque aprendí a vivir con lo que tenía,
contándole a mi mar y a mis gaviotas cuanto sentía,
y que era mi mundo que tú no comprenderías.
Pero crucé al tuyo por lo mucho que te amo
porque quiero darte toda la felicidad que pueda
y porque no podría vivir si tú de mi te alejas.

15

Ven a mí amor mío
estréchame en tus brazos
y dime que me quieres
tanto como yo a ti
que nuestro amor es de grande
como el mar profundo.

Matilde Álvarez

16

Me dijiste hoy que no te hablara más
que estabas peleado…
y ni lloré ni me entristecí siquiera.
Tú sabes cuánto te amo y que soy tuya
y tú me adoras aunque no quieras…
Sé que pronto tú volverás a mí
pues estoy tan metida dentro de ti
que tú sin mí jamás ya podrás vivir.

17

Ya no tengo miedo que de mí te alejes,
ya no tengo miedo de que me dejes,
porque estoy tan incrustada en tu vida
que ya jamás tú podrás olvidarme
porque estoy además en tu sangre metida
y te atormentará el deseo de amarme.
Recordarás todo lo que te di sin medida,
tratarás de olvidarme,
maldecirás mi nombre quizás;
que no te importo ya más pensarás,
pero dentro de ti sabrás que es mentira,
porque nuestro amor fué eterno e inmenso
y lo más hermoso de nuestras vidas.

Matilde Álvarez

18

Tendré que aprender a seguir con mi vida sin ti
volviendo a mi mundo de antes que tú no entendías
cuando iba a mi mar a contarle cuanto yo sentía
a navegar sin rumbo para encontrar algo de calma
y a ocultar entre sus arenas toda mi agonía.

Te regalé un amor profundo e inmenso
cuando no sé como llegaste a mi vida.
Llegué a adorarte, y para quizás sólo verte yo vivía
y tocaba el cielo cuando tú me decías "eres mía"
pero eso… no fue suficiente para nuestras vidas.

Te conté mis secretos más grandes que a todos escondía
y a cambio de todo sólo un poco de ternura te pedía.
Yo traté inútilmente por ti, de entrar a tu mundo
que era tan distinto al mío y que yo no comprendía…
pero no pude. Y él fue para ti más importante que yo en
　　tu vida.

Por eso ahora entiendo que yo solo como mujer te atraía.
¡Qué tristeza que yo necesitara mucho más de ti!
¡Qué tristeza comprnder que como yo a ti, tú a mí,
　　no me querías!
Vuelvo a mi mar, para en nuestra playa solitaria ahora,
　　confesarle hoy, que tengo que dar tu amor por muerto.

V

Vejez

1

Recuento de los años vividos,
de los sueños que vimos cumplidos
y de aquellos que jamás se dieron
y que los lanzamos al olvido esparcidos.

No son años dorados, eso es mentira
para disfrazar los sinsabores y las heridas,
son años de memorias y de recuerdos
de todo lo bueno y malo de nuestras vidas
todos son nuestros, pero no dorados,
¡eso es mentira!

2

Llegaron ya los años del invierno;
apenas los sentí llegar, pero lo hicieron.
No lamento los hijos que no tuve
ni lamento ya los sueños que truncos
en el aire se perdieron
porque cierro los ojos y miro al cielo
y pretendo que todos en estrellas se volvieron.

Matilde Álvarez

3

Cuando miro ahora lo gris en mi pelo
cuando antaño tan negro fuera,
sueño que son mis recuerdos
que en plata se volvieron.

Las marcas que los años en mi rostro dejaron,
sueño que son de las sonrisas que he regalado
y de los besos que de cariño he dado;
después de todo, ese es mi único consuelo...

4

Me pregunto a veces si volviera a nacer
como quisiera esa nueva vida vivir
que cambios haría... aún si cierro los ojos, no sé
creo que muchas páginas en blanco dejaría
para que salieran a volar y encontrar
en el cielo y en el mar aventuras e ilusiones
muchos sueños y quimeras
pero le pediría al fin a Dios que de nuevo las escribiera.

Matilde Álvarez

5

En el ocaso de mi vida me pregunto sin cesar
a donde se han ido mis ilusiones, ¿a donde
los sueños que con tantas fantasías tejiera
si encuentro mis manos ahora tan vacías?
¿Es esto la vejez?
y siento en mi alma algo que me aterra.

VI

Recuerdos de mi juventud

1
Mis padres

Antes de escribir sobre los recuerdos de mi juventud quiero hablar primero de mis padres. Fui bendecida por Dios con ellos pues fueron seres extraordinarios. Se querían inmensamente y jamás los ví, ni oí pelearse y ellos fueron los que me hicieron como soy pues me dieron no solo los consejos para que fuera una buena persona sino el ejemplo vivo de honestidad, de valores, de amor a la naturaleza y de caridad para con los demás.

Como tenían miedo de que, al ser hija única y no tener hermanos, si a ellos les pasaba algo yo no fuera suficientemente independiente me enseñaron a analizar las cosas y saber pensar y me enseñaron además a ayudar a todo el que podía y compartir con lo demás para que no fuera egoísta. Yo me llevaba mejor con mi padre que con mi madre porque esta era malcriada como yo, pero tengo infinidad de cosas de ella en mi personalidad. Aunque con dos carreras universitarias y mi trabajo tanto en Cuba como en Estados Unidos fue siempre profesional, me gusta coser, bordar, tejer, y cocinar como a mi madre y se lo debo a ella. Batsheba, una amiga a la que quiero mucho y llamo mi baby hermanita, me dijo un día, que no conoció a ninguna amiga que siendo profesional durante el día, con trabajos de ejecutiva, por las noches fuera un ama de casa 100%.

Mi madre se llamaba Lucía. Mi segundo nombre es Lucía y hubiera dado cualquier cosa porque me hubieran puesto ese nombre y no Matilde que detesto y que era el nombre de mi abuela paterna. Gracias a Dios poca gente me llama así pues casi todo el mundo me llama Mati o Mat. He tenido tantos apodos en mi vida que estoy como los perritos que responden a cualquier nombre...

Mi madre me llamaba Machuchi y mi padre "la mona", mi abuela paterna me llamaba "Morenita" y mi tia María "Pelusita". Ya bien mayor cuando fuimos miembros de "New Generation Cuba" (una organización del exilio que se disolvió) me pusieron Kusi y nos llamaban los "albertykusi" en broma, por eso lo escogí como mi dirección del correo electrónico en internet.

A mi madre le encantaban, igual que a mí, los perfumes, los encajes y las prendas y al arreglarse lucía de lo más bonita, aunque nunca fue tan presumida como yo. Ella me decía que yo, en ese sentido, era más parecida a su mamá, a mi abuela Amalia, que a ella. Mi madre era un poco más bajita que yo y de tipo más clásico que el mío que es más de cubanaza y que no necesito describir.

Yo tuve una juventud muy alegre mayormente gracias a mi madre. Como fui madrina del Hogar Católico Universitario, los Caballeros de Colón y la Agrupación Católica, continuamente habían bailes, fiestas, excursiones y picnics y mi madre era la chaperona ideal pues siempre estaba dispuesta a llevarnos a mi casi hermana, mi intima amiga Anita y a mí a todo y nunca estaba apurada por irse.

Matilde Álvarez

Además, todos mis amigos le tenían cariño y se llevaban muy bien con ella. Los padres de Anita eran íntimos amigos de los míos y vivíamos a tres cuadras unos de otros. Guillermo, uno de los hermanos de Anita, era cardiólogo y él fue el que atendió a mi padre cuando le dieron los infartos y lo lloró amargamente cuando murió.

En las cartas que les hice a mis padres *In Memoriam*, en mi primer libro, se palpa la admiración que tuve por mi padre y la clase de hombre de bien que era. Se llamaba Carlos y siempre pensé que si tenia un hijo le iba a poner ese nombre que me encanta. La cultura y el profesionalismo de mi padre que allí describí con detalles, aún hoy me llenan de orgullo por ser su hija. Él era una persona que emanaba paz y bondad y tuvo amigos de todos tipos y en muchos lugares. A su entierro, al que quise ir de todas formas, porque mi madre no tenía fuerzas para hacerlo, fue una cantidad increíble de personas, no solo sus amigos de toda una vida sino desde los que limpiaban su oficina, los del correos donde tenía el apartado, hasta seres que yo no tenía ni la menor idea de dónde venían. Cuando estábamos en el Cementerio de Colon reunidos, al comenzar su entierro, yo creía que había otros más que el de mi padre por la cantidad de gente que veía, pues se llenaban como dos cuadras, pero habían venido todos allí por él, por el afecto y respeto que sentían hacia mi padre y para acompañarlo a su última morada.

Voy a decir algo que a muy pocas personas he confiado. Mi padre murió muy joven, de solo 59 años, del corazón, por lo mucho que fumaba y el dolor de la intervención de oficina por el gobierno comunista. Su muerte para mí fue devastadora, si traté de sobreponerme fue para que mi madre que casi que muere con él no sufriera más.

Estuve soñando con mi padre todas las noches a partir de su muerte por un año entero. Soñaba que los dos estábamos sentados conversando como tanto lo hacíamos siempre cuando él vivía, naturalmente, de las cosas bien normales de la vida, de las noticias, de las que nos pasaban y pensábamos. Una noche le pregunté ¿cómo es posible que esto esté sucediendo porque sé que estás muerto?, y me contestó muy sencillamente "porque tú lo necesitas". Así, sin dolor, ni angustias por nuestras conversaciones pasó un año. La víspera del aniversario de su muerte soñé con él como todas las noches anteriores pero me dijo "Ya yo no voy a volver porque tú ya estas bastante fuerte y no me necesitas tanto". Así fue… no volví a soñar con él todas las noches. Sin embargo, cuando he tenido una angustia o dolor muy grande en mi vida, que por supuesto no me han faltado, esa noche el viene a conversar conmigo. Mis amigos de toda una vida, Loly y Pepe, psiquiatras los dos, me dijeron una vez que era que yo traía a mi padre con el pensamiento y la necesidad de compartir con él. Yo pienso distinto.

Matilde Álvarez

2

La casa de mis padres, mi casa

La casa de mis padres, mi casa, que es así como pienso de ella, era de lo más bonita y estaba en la Habana Vieja en la calle Tejadillo 112. Teníamos un muro muy alto en el patio que llegaba hasta el fondo y que nos separaba de la casa de la izquierda que era toda de las oficinas de Dorta Duque. En ese patio y adosado a ese muro se hizo un cantero en el que mi madre plantó su jazmín de cinco hojas y otras plantas de colores que creo se llamaban corazón de chivo y pimpinela escarlata.

Teníamos una sala inmensa y a la izquierda, a continuación, quedaba el recibidor que daba a ese patio y que terminaba con la cocina que estaba al fondo. Ese recibidor era el que tenía un medio punto como el que quise que apareciera en la portada de mi segundo libro *Encuéntrate conmigo en las Estrellas* en recuerdo de la casa de mis padres, mi casa. Mi editor, Modesto Arocha, de Alexandria Library, que además de un excelente profesional es el más complaciente y paciente del mundo, no paró hasta que me encontró uno que me gustó. Lo gracioso del caso fué que él me comentó que los medio puntos se iluminaban cuando el sol los atravesaba y mi libro hablaba de las estrellas... Parece que cuando vio la cara mía de desencanto enseguida me dijo, pero "bueno también la luna y las estrellas lo iluminan", y así me busco las estrellas que se ven entre las persianas del medio punto de la portada del libro que tanto me gusta.

En ese recibidor de la casa teníamos dos sillones grandes, la jaula inmensa de mis canarios, el mueble de mi amado tocadisco, y aunque había un estudio, allí era donde yo estudiaba. Teníamos una tabla enorme con un semicírculo en el centro y que se apoyaba en los brazos del sillón formando como una mesita y ese era mi "escritorio" preferido. Me gustaba estudiar allí porque yo necesitaba ver el cielo, el espacio abierto, el cantero del patio con el jazmín de mi madre y las otras plantas.

Además, en lo que hacía como el rellano de la escalera de los altos teníamos un librero inmenso donde yo prefería poner todos los libros de mi carrera en vez de ponerlos en el estudio de mi padre, porque al estar estudiando en el recibidor los tenia fácilmente a mi alcance y no tenía que atravesar media casa para cogerlos.

A la derecha de la sala había una entrada al cuarto de mis padres otra daba al recibidor, y la tercera lo conectaba con mi cuarto que venía después. Mi cuarto daba también al estudio de mi padre lleno de libros y con su escritorio gigantesco. Después seguía el comedor, después el baño y por úultimo un cuarto al que yo le puse el "Cuarto de las papas". Mi padre y yo éramos muy ordenados, no así mi madre, por lo que decidimos dejarle el último cuarto (cerrado siempre) para que allí tuviera su revolico y sus gaveteros, etc.

En todos los cuartos teníamos las cortinas de cretona estampadas a los lados de las puertas que nunca cerrábamos por cierto y en el centro unas de unas telas finitas que volaban por el fresco que siempre teníamos con esos puntales tan altos. La que comunicaba de la sala al cuarto de mis padres era blanca, la que daba a mi cuarto era rosada y la de mi cuarto al estudio de mi padre era verdecita. A mí me fascinaba verlas volando como en una sinfonía de colores cuando se movían por la brisa.

Mi cuarto tenía una ventana inmensa con reja y sus puertas para cerrar en caso de mal tiempo. Este ventanal daba al patio y estaba totalmente enfrente al jazmín de mi madre en el cantero. En mi ventana, dado el espesor de las paredes yo tenía como un asiento de lo más largo y ancho, con los mosaicos del piso que eran una belleza. Yo me podía sentar allí con las piernas estiradas a leer y mi madre me puso unos cojines hechos con la misma tela de las cortinas y de la "saya" de mi coqueta. Así le llamaban al mueble donde teníamos las pinturas de los labios, de los ojos y los perfumes. Las coquetas además tenían gavetas para las prendas.

Nadie puede imaginar la de veces que cierro los ojos y voy para nuestra casa, para recordar los días felices en mi amada casa de la Habana Vieja. Mis amigos y amigas le decían a mi casa "La casa del pueblo" porque todos ellos eran bienvenidos a ella. A veces ya yo me había ido a la universidad o luego a trabajar y ellos lo mismo venían a desayunar porque se les había hecho tarde para el trabajo o estudios o pasaban por la tarde o por la noche. Ellos se sumaban a nosotros pues a mi madre le encantaba que vinieran y les preparaba comiditas o meriendas o lo que fuera apropiado.

La sala de nuestra casa era gigantesca. Teníamos un sofá inmenso de largo con mesitas a los lados y cuatro butacones igual de grandes con el televisor en la pared que daba a la calle, al lado de la ventana con reja. El piso era una belleza con una cenefa como redonda de flores preciosa en el centro de la sala y que resaltaba porque el juego de sala era de color rojo vino. Siempre recuerdo que cuando mi madre y yo íbamos de compras, al llegar a casa lo regábamos todo en el sofá y las butacas como en exhibición para que mi padre lo viera todo al llegar a casa. En la pared que había entre el cuarto de mis padres y el recibidor teníamos una lámpara de pie y un sillón que era donde le gustaba a mi madre sentarse a coser o a tejer. La lámpara tenía como una mesita adosada y era allí donde ella ponía las mariposas, flores que mi padre le compraba casi todas las noches cuando el vendedor ambulante las pregonaba por la calle. Esas jarritas chiquiticas y el perfume que daban las mariposas blancas son otro recuerdo entrañable de mi vida en esa amada casa.

Matilde Álvarez

3
Recuerdo feo de mi niñez

Yo recibí clases de ballet desde los 8 años hasta los 11. Las clases eran una vez a la semana, por las tardes, en el Conservatorio Municipal, y el ómnibus del colegio me dejaba allí donde mi mamá me esperaba. La maestra se llamaba Anna y era de origen ruso lo cual todo el mundo consideraba que era muy importante porque Rusia había dado grandes bailarines y se suponía que sus maestras eran las mejores.

Yo practicaba los pasos en el patio de la casa de mi padre en la Habana Vieja pero no tenia público pues a los viejitos que vivían en los altos no les interesaban para nada mis piruetas. Sin embargo, en casa de mi abuela que estaba a dos puertas tenia público. A mi abuela Matilde le encantaba verme bailar en el patio y además, en los altos vivían unos muchachitos más o menos de mi edad que se asomaban desde el pasillo de arriba y miraban mis bailes. Yo me sentía toda una gran bailarina con ese público hasta que un día oí a uno de esos muchachitos decirle a otro "ella no puede ser una gran bailarina porque no está nada flaca y nadie la va a poder levantar en el aire…"

Allí mismo se me cayeron las alas del corazón y deseché mi carrera de "ballerina". La verdad es que yo no había pensado en que nadie me tuviera que levantar por el aire a mí pues eran piruetas que me daban miedo a pesar de que había visto muchos ballets con mis padres y sabia que eso se hacía frecuentemente y como parte de las coreografías. Pero aun así empecé a preguntarle a todo el mundo si yo de verdad estaba gorda y siempre la respuesta era que yo no estaba delgadita pero tampoco estaba gorda, sino "llenita". Quise ir a casa de mi abuela a confrontar al muchachito que me había "ofendido", pero mi padre me convenció que después de todo, aunque hubiera estado como un palo de flaca yo no quería que me levantaran por el aire porque eso me asustaba mucho...

Y así terminó el episodio y mi "carrera" de ballerina.

4

Mi querida Gaby

Yo siempre había querido tener un perro pero mi madre estaba totalmente renuente a ello. Siempre decía que había sufrido tanto cuando su amado perro Dick se había muerto que no quería volver a pasar por un dolor semejante. Por más que yo insistía, su respuesta era "no mi hija, por favor, no quiero ningún perro más en mi vida".

Me imagino que para quitarme lo del perro de la cabeza, mi padre que siempre era tan apaciguador ideó comprarme en substitución del perro un canario, pues sabía que a mí los pajaritos me encantaban.

Roberto, el dueño de la panadería de nuestro barrio y nuestro panadero de tantísimos años resultó tener una cría y vendía canarios con factor rojo (lo cual no tengo la menor idea de lo que es), pero que supuestamente hacia que los canarios que lo tenían fueran tremendos cantadores. Él solamente se los vendía a sus amigos y conocidos que sabía los iban a cuidar bien.

Pues bien, mi padre compró una jaula inmensa e instaló en el recibidor de nuestra casa un brazo metálico muy fuerte para colgarla y en un lugar donde daba un poco de sol por las mañanas y se veía el jardín de nuestro patio a donde venían gorriones continuamente. Su idea era que el canario que trajera a casa estuviera en un lugar agradable y desde donde vería a otros pajaritos.

Así pues me trajo a casa un precioso canario al que le puse Gaby. A mi me fascinó y aunque dicen que los pajaritos son medio tontos mi experiencia fué muy distinta. Gaby aprendió a jugar conmigo mucho. Yo cogía una pluma de gorrión y la introducía por entre las rejitas y Gaby la halaba desde adentro y yo desde afuera. Al soplarla yo, si se caía al suelo de la jaula Gaby se tiraba a cogerla y me la traía... Si yo la agarraba primero con una pinza, Gaby empezaba a halarla otra vez. Yo acercaba la cabeza a la jaula y Gaby me halaba el pelo... Yo le hablaba a Gaby y enseguida me hacia gorgojeos.

Lo más inaudito de todo fué lo siguiente. Yo le ponía en la jaula los cacharritos de alpiste y el agua pero mi padre cuando venía de la oficina al mediodía le ponía un ramito de berro y como un dedito muy pequeño de cañamones. La gran sorpresa de la vida fué que Gaby empezaba a cantar muy bajito cuando sentía la llave de mi padre en la puerta de entrada. Lo empecé a notar y lo comprobamos mi madre y yo a partir de entonces. Gaby sabía cuando llegaba el que le daba lo que tanto le gustaba y se ponía a cantar muy bajito por ello.

Mi padre que había tenido la idea de que a Gaby le iba a gustar ver a los gorriones se equivocó. La enfurecían porque ellos se atrevían a acercarse a su jaula a robarle el berro y los cañamones. Si no los veíamos nos dábamos cuenta de cuando eso pasaba porque Gaby hacia un ruido como un gruñido fajándose con los gorriones para espantarlos.

Roberto, nuestro panadero, vino un día a casa a comprobar lo mucho que cantaba Gaby y comprobó la verdad... que Gaby solo hacia unos gorgoritos muy bajitos y sobre todo cuando yo le soplaba el buche muy suavecito o cuando llegaba mi padre. Pues bien, Roberto se dio cuenta de que Gaby era hembrita porque los que cantan ¡son los machos!

Él, todo apenado, se la quería llevar para traernos a un canario que cantara pero nosotros amábamos ya a Gaby y de ninguna manera queríamos cambiarla por nadie. Roberto nos dijo entonces que nos iba a prestar un machito para que se casara con Gaby y tuvieran cría.

Así fué. Llegó a casa otro canario al que no le pusimos nombre porque no queríamos encariñarnos con él, y estuvo con Gaby un tiempo. Roberto volvió a casa varias veces y al poco tiempo nos dijo que se iba a llevar al machito, que Gaby iba a poner huevitos y que había que cambiarle la jaula para una especial mucho más grande y que tuviera como una gavetica. Habia que suministrarle ciertas pajitas y algodón que Roberto nos trajo y que Gaby empezó a transportar a la gavetica.

Así un día vimos que habían tres huevitos que ella estaba cuidando. Al correr de los días ellos resultaron en tres pichoncitos horrorosos al principio pero que se convirtieron en tres preciosos canarios después. Roberto se llevo a uno, le regalamos otro a mi amiga Ana que los adoraba y le dejamos uno a Gaby. Le puse el Gemelo porque el de Ana era igualito con una manchita medio rojiza en la cabecita.

Volvimos a poner a Gaby y a su hijo en la jaula original y era una delicia oírlo cantar a él a todo lo que daba y a ella muy bajito. Ella seguía jugando conmigo pero él era muy serio y nunca lo hizo. Cuando les tocó el irse de nuestras vidas nos dejaron un inmenso vacío, pero recuerdos entrañables.

5

Angelita

Al poco tiempo de graduada de la Universidad de la Habana (de Filosofía y Letras), en un momento dado me pidieron si con carácter voluntario podía inventariar lo que contenía el Museo de la Catedral de la Habana. La verdad es que no recuerdo donde se originó la petición pero yo accedí gustosa y así empecé a ir al mismo, que estaba muy cerca de nuestra casa y a la derecha de la Catedral en un edificio bastante pequeño si la memoria no me falla.

Para mi vergüenza no recuerdo ni remotamente lo que contenía el Museo, ni el tiempo que me llevó terminar el inventario. Y para mi mayor vergüenza solo recuerdo de ese episodio que le salvé la vida a un gorrioncito que se cayó del nido que estaba entre las piedras de la Catedral.

Una mañana, cuando me iba ya para casa oí el piar desesperado de una mamá gorriona y de su pichón que colgaba de un borde por una pata y estaba a punto de caer al suelo. Logré cogerlo y después de mucho pensarlo me imaginé que no iba a estar seguro entre las piedras de donde se había caído. Por eso decidí llevármelo a casa para cuidarlo hasta que pudiera volar. Lo envolví con mi pañuelo y me fui caminando a mi casa en Tejadillo.

Nadie puede imaginarse lo buena que era, por eso le puse Angelita, aunque no supe nunca si era gorrión o gorriona. Entre mi padre y yo le preparamos en una caja de zapatos yerbitas y pajitas y allí la pusimos. En la inmensa ventana de mi cuarto que daba al patio, como tenía un asiento a todo lo ancho, decidimos poner allí la caja con ella. Yo preparé una especie de papilla de migas de pan mojadas en leche y la cargaba y con un gotero se la metía en el buche sin ningún problema. Lo curioso del caso es que recuerdo que cuando terminaba ella hacia como un ruidito porque las plumitas escasas que tenía en el buche se movían. Nunca le molestó que yo la agarrara para darle de comer.

En esa operación, siempre observada por mi padre, pasó algún tiempo, y ella empezó a emplumarse bien. Un día cuando ya ella comía semillitas de alpiste nos la encontramos parada en el borde la caja de zapatos aunque eventualmente se metió en la caja a dormir. Al día siguiente se paró en la parte de abajo de la reja de mi cuarto. Mi padre me dijo entonces que ya ella estaba lista para irse, máximo que veía a los otros gorriones que venían a nuestro patio volando.

Así mismo fué. Al otro día ya ella no estaba ahí en la caja sino que se había ido a volar con los otros pajaritos libremente, lo cual nos dio alegría mezclada con tristeza porque la extrañábamos.

6
Tremenda vergüenza

Yo no tengo la menor idea de dónde y cómo mis padres conocieron la existencia de una sociedad española llamada Los Gozoniegos y tampoco sé a qué región de España pertenecían sus miembros. Sin embargo, todos los años celebraban una fiesta fabulosa en un restaurante de Batabanó, donde además de un almuerzo muy bueno, tenían un baile.

Durante años, nosotros tres siempre íbamos, pues nos encantaba la excursión a ese pueblo al sur de la provincia y las fiestas que hacían allí. Recuerdo que en los primeros años que fuimos yo era muy niña para bailar pero al ser una jovencita a lo mejor de 15 años pensé que ya podía hacerlo.

Ese año que recuerdo desafortunadamente y ya explicaré el por qué, me quise estrenar un vestido sumamente entallado en la cintura. Yo, en cualquier peso que haya tenido, siempre tuve mi cintura muy estrecha pero aun así se me ocurrió la peregrina idea de comprarme un afinador de cintura que tenía como dos varillas plásticas, una por delante y otra por detrás para que el afinador no se doblara. Así pues ese año me estrené mi vestido y el afinador.

Allá nos fuimos en los autobuses que alquilaban para llegar a Batabanó y después del almuerzo empezó la música y el baile. Me vino a sacar un joven para bailar y yo salí a hacerlo encantada. Pero lo que pasó después fué muy desagradable para mí en todo sentido.

Al estar moviéndome en el baile sentí supuestamente la mano del joven en una "región" inadecuada y le pedí muy suavemente "por favor sube la mano"... Al poco rato volví a sentir "la mano" en la misma región le volví a pedir que la subiera pero a la tercera vez yo, muy pudorosa, allí en el medio del salón lo dejé plantado. Este pobre hombre se puso rojo como un tomate y desapareció.

Cuando me encaminé a la mesa donde estaban mis padres sentí lo mismo en la "región cerca del pompis" ¡Dios mío, qué pena tan grande sentí con lo que había hecho! No era la mano del joven la que había sentido sino la condenada varilla de la parte de atrás del afinador que me oprimía más abajo de la cintura en ese lugar inadecuado... Le pedí a mi madre que me acompañara al baño y allí le conté lo que había hecho y me eché a llorar de vergüenza. Ella muy tranquila me dijo "vamos a buscarlo las dos y le explicas..." Cuando regresamos al salón el no apareció por ningún lado... A lo mejor fué tal su vergüenza de que yo lo dejara plantado en medio del salón que regresó a pie a la Habana... A partir de ese momento me deshice del afinador...

7
Sorpresas en Zaragoza

Estamos en España en 1957. Ana, mi entrañable amiga de la infancia y yo, a nombre de nuestros padres, para celebrar el haber terminado nuestras carreras, Pedagogía ella y yo Filosofía y Letras. Fueron con nosotras María Julia, una hermana mayor de Ana, y Tita, que era como una tía para mí, y que regresaría a España después de visitar a su hermano que estaba en Cuba

Al llegar a Madrid Tita se fué a San José en Oviedo a visitar a sus otros dos hermanos y donde ella vivía, pues se había pasado casi un año en Cuba. Mientras, nosotras tres nos quedamos en Madrid para planear nuestras excusiones más cercanas. Así fuimos recorriendo a la amada España poco a poco.

Resulta que yo quería ir de todas formas al menos por dos o tres días a Zaragoza en Aragón, pero ellas ya habían estado allí dos veces antes y no querían volver. Estando así las cosas un día cuando caminábamos por Callao nos encontramos con Luciana I, una compañera mía de carrera y buena amiga que estaba de tiendas con sus hermanas Caridad y Pilar. Yo creía que Luciana estaba en Cuba y me dio mucha alegría encontrármela allí. Sus hermanas me parecieron simpáticas y también muy educadas como ella.

Nos fuimos a merendar juntas las seis y hablando me dijeron que se iban a Zaragoza en unos días porque su padre, que tenía muchos negocios no podía ir, y las mandaba a ellas a entregarle unos documentos a un socio. Además, así ellas conocerían la ciudad que todavía no habían visitado. Ahí mismo vi los cielos abiertos… María Julia, que era como la substituta de Tita estando ella en Oviedo, se dio cuenta de lo que yo quería y les dijo cuánto me interesaba ir a Zaragoza y les preguntó si a ellas no les molestaría que yo me agregara… Luciana se puso muy contenta porque claro, tenía más cosas en común conmigo que con sus hermanas que eran más jóvenes, pero estas también se mostraron muy de acuerdo.

Como el padre de ellas ya había hecho las reservaciones en el hotel, me dijeron que al llegar allá me agregaban y yo pagaba la diferencia sin problema ninguno. Nos pusimos de acuerdo para el día en que nos gustaría irnos y ellas me llamarían luego que lo confirmaran con su padre. Cuando todo estuvo coordinado nos fuimos a la estación de trenes para comprar los boletos de ida y vuelta en tres días.

Luciana era muy seria, pero Caridad y Pilar eran simpatiquísimas y recuerdo que el viaje fué de lo más agradable. Al llegar a Zaragoza no quisieron alquilar un taxi para ir al hotel porque en el mapa que ellas llevaban estaba bastante cerca… y además se ahorrarían el dinero…

Así que cargamos con los maletines, que gracias a Dios eran ligeros, y caminamos hasta el susodicho hotel. Este lucía bastante lujoso y bonito y cuando nos acercamos a la carpeta para inscribirnos y que nos dieran las llaves me llevé la sorpresa de mi vida.

Luciana, con la voz más convincente de la vida le dice al señor de la oficina que quería hablar con el supervisor porque su padre a última hora había decidido que fueran a otro hotel cerca de la casa de su socio, que ella quería que le devolvieran el importe total de lo que su padre les había pagado ¡y les enseñó el recibo! Les agregó que como la cancelación era tan temprano que no tendrían problema alguno en alquilar las habitaciones a otras personas.

Bueno para qué entrar en detalles de todo ese episodio... Luciana logró lo que quería y al fin con todo el dinero ya recuperado nos dijo "vámonos al nuevo hotel". En la esquina, viendo que no venia nadie por alrededor repartió el dinero a partes iguales con sus hermanas... Yo creo que yo seguía con la boca abierta como un buzón. Ella tan tranquila me dijo, "es que papa es muy agarrado y nosotras queremos tener nuestro dinerito... el nuevo hotel esta cerca y costará la mitad...."

Yo creí que nunca pararíamos de caminar con las maletas.. pero ellas iban felices con el dinero en el bolsillo. Al fin Luciana, que iba a la cabeza del desfile, nos dijo, "aquí esta nuestro hotel". Yo creí que me daba un soponcio porque el susodicho hotel se llamaba Posada de las Ánimas.... No me dieron tiempo a recuperarme porque cuando vine a ver ya ellas estaban registrándonos para que nos dieran un cuarto con dos camas grandes o dos contiguos con camas individuales..

En eso oímos música y aplausos y a mí los pelos me llegaron al techo. Pero ya Caridad que era la más joven (tenia 16) se había asomado al salón de donde salía la música y vino a contarnos que era una boda y que se había puesto tan contenta de ver como bailaban y disfrutaban que la habían invitado a unirse a la celebración. Además, que al decirles que ella estaba con sus hermanas, y que no habían ido nunca a una boda en España porque éramos cubanas que nos habían invitado a nosotras también…

Luciana, a la que yo le había dicho en un aparte que ese lugar no me parecía bueno, cuando oyó a Caridad con la invitación para unirnos a la celebración de la boda me dijo tan tranquila "no ves, fíjate que las familias vienen aquí a celebrar una boda, así que el lugar es muy bueno… Además de ahorrarnos dinero ¡tendremos una fiesta!"

La realidad es que yo estaba estupefacta de ver la soltura con que estas criaturas actuaban así… Un empleado de la carpeta nos ayudó con las maletas y nos dieron dos habitaciones contiguas al final de un pasillo en un piso alto y allí desembarcamos.

Lo primero que se me ocurrió fue decirle a Luciana que si su padre llamaba al hotel donde había reservado y no las encontraba allí que se iba a formar el pandemónium. Pero ella me dijo tan tranquila "ahora lo voy a llamar y a decirle que vamos a ser nosotras las que lo llamaremos a él para que no pierda el dinero de la llamada si no estamos en el hotel sino visitando la ciudad… y el esperará seguro por eso…"

Está de más decir que en cuanto las maletas estuvieron en las habitaciones, Caridad nos reclutó para ir a la celebración de la boda donde según ella nos estaban esperando…

Fuimos las cuatro y la verdad fue que la pasamos de maravilla. Los novios nos presentaron a sus padres y nos hicieron sentarnos entre los invitados. Nos tocaron creo que un danzón o algo por el estilo porque querían ver como bailábamos estilo cubano.. Caridad y Pilar sin ningún problema lo hicieron y las aplaudieron mucho.

Después de un rato Luciana les dio las gracias a todos y les dijo que nos teníamos que ir para llamar al socio de su padre que nos estaba esperando.

¡Santo cielo! pensé yo, ¿que voy a hacer con estas loquitas?... pero ya Luciana estaba llamando al señor y diciéndole que le íbamos a llevar los papeles de su padre. Por supuesto que no quería que nos viniera a recoger a este hotel cuando el padre le podría haber dicho que íbamos a estar en el otro...

Para allá partimos alquilando un auto según ellas "teniendo que hacer ese gasto ... porque no quedaba más remedio". El señor resulto un encanto de persona. Nos dijo que se iba a encargar de enseñarnos Zaragoza como un guía de turismo mandándonos a su chofer para que nos llevara a los lugares y que luego a las horas de la comida y cena nos traería a su casa para comer todos juntos. Yo mire a Luciana como para preguntarle cómo ella iba a explicar lo del cambio de hotel... pero ella ni corta ni perezosa le dijo tan tranquila que le iba a hacer una confesión pero que le tenía que dar su palabra que no le iba a decir nada a su padre.. Y allá soltó lo de la Posada de las Animas...

Si el señor se horrorizó o escandalizó con el cuento no lo demostró la verdad, aunque ella le aclaró que era porque ellas querían tener un "dinerito" de más....

Los tres días que pasamos allí fueron fabulosos y el chofer del señor un encanto que nos llevó a todos los sitios importantes siempre correcto y amable. Al terminar la visita a Zaragoza y a la hora de marcharnos, el señor nos regaló a cada uno de nosotras una medalla de la Virgen del Pilar y una botella de vino de sus bodegas para "nuestros padres", el mío inclusive.

Antes de terminar este "recuerdo" y como una prueba más de cómo los Angeles de la Guarda nos protegen, tengo que contar lo que pasó en la primera noche que pasamos en la famosa "Posada". Como conté antes, nos habían dado dos cuartos contiguos al final de un pasillo en un piso alto. Yo compartiría un cuarto con Luciana, y Pilar y Caridad el otro.

Al regresar de la primera visita al señor, y luego de bañarnos, nos reunimos en nuestro cuarto a recontar el día y las aventuras que habíamos vivido. La realidad es que nos reímos mucho y yo les confesé que me habían dejado anonadada de lo arriesgadas y medio locas que eran. No me lo tomaron a mal porque ya sus primas españolas les habían dicho lo mismo... Así conversando y riéndonos y saliendo de un cuarto a otro por distintas causas me dormí. Muy temprano en la mañana siguiente me desperté y me encontré la puerta de nuestro cuarto abierta de par en par. Salí en payama a ver si Caridad o Pilar habían venido por algo y me encontré con la puerta del cuarto de ellas abierta de par en par también y ellas totalmente dormidas igual que Luciana en el nuestro.

Con las entradas y salidas de un cuarto al otro ¡habíamos dormido las cuatro con los cuartos totalmente abiertos en la Posada de las Animas!

8

Elogios y maldición

Cuando Ana, María Julia y yo fuimos a visitar Granada después de ver todo lo que nos interesaba conocer y que era muchísimo en esa maravillosa ciudad, decidimos llamar a Cristina (la prima granadina de unos íntimos amigos míos de Cuba) para saludarla.

Ella fue de lo más amable y nos cayó muy bien cuando la conocimos. Se ofreció a enseñarnos los lugares más importantes y se sorprendió mucho cuando se dio cuenta de la clase de recorrido que habíamos hecho ya en los tres días que llevábamos allí. Entonces nos ofreció llevarnos por ciertos lugares muy gitanos del Sacromonte donde solamente iban los granadinos que lo conocían bien y donde no había peligro con ellos y "sus manos sueltas..."

Cristina nos alertó que ni por asomo sacáramos las billeteras o monederos y que los lleváramos bien guardados y escondidos.

Emprendimos la visita al día siguiente cuando ella nos recogió en el hotel. Al adentrarnos en sus calles, una gitana nos empezó a seguir y la emprendió conmigo celebrándome como nadie lo había hecho nunca…. "Que si tu pelo brilla como el ébano, que si tienes cintura de avispa, que si tus ojos son dos luceros, que si tus piernas son hermosas, que si tu garbo al caminar es de princesas, tus amigas son bellas pero nunca se podrán comparar contigo…" Agregando al final "dale un dinerito a esta pobre gitana que tiene churumbeles que alimentar..."

Así seguía ella repite que te repite: "que si tu pelo brilla como el ébano, que si tienes cintura de avispa, que si tus ojos son dos luceros, que si tus piernas son hermosas, que si tu garbo al caminar es de princesa, tus amigas son bellas pero nunca se podrán comparar contigo... Agregando al final otra vez "dale un dinerito a esta pobre gitana que tiene churumbeles que alimentar..."

A mí me daba tremenda pena no darle nada, pero recordaba la recomendación de Cristina y seguía de largo hasta que para callarla de una vez le dije que no le podía dar nada... y para que fue aquello...

Entonces empezó con otra versión.. "esta es mi maldición gitana, que se te caiga el pelo y te quedes calva, que tu cintura se vuelva un barril, que te vuelvas bizca, que camines coja y zamba, maldita orgullosa"... Cristina se puso de lo más encolerizada al ver que nos seguía con la misma maldición, se dio la vuelta y le gritó que se callara porque iba a llamar a la policía... y enseguida ella desapareció.

Cristina por si yo me había asustado con "la maldición" solo me dijo "acuérdate que rebuznos de burros no llegan al cielo"... AMÉN

9
Pánico en Tánger

Estamos todavía en España en 1957. Habíamos salido de Sevilla donde estuvimos en la fabulosa feria e íbamos al Sur, básicamente a Cádiz y Málaga.

En el autobús que habíamos cogido, y que paraba en Algeciras, estuve sentada al lado de un señor, creo que de Malaga, el cual me empezó a contar lo fácil que era ir al norte de África desde Algeciras. Que si Tánger era una belleza, que un barco estupendo "La reina del África" salía de Algeciras y que en unas horitas estábamos cruzando el Mediterráneo, y estábamos en ese otro mundo maravilloso, y que allí todo el mundo hablaba español o inglés sin problema ninguno. Cuando llegamos a Algeciras yo, que soy por naturaleza aventurera, ya estaba convencida que debíamos ir a Tánger. Hablé con Ana y María Julia y las convencí de irnos por dos o tres días a Tánger. Les dije que el señor del autobús me había explicado que podíamos hacer esa parada en Algeciras y a los dos o tres días regresar para continuar el viaje que habíamos planeado, que además podíamos dejar nuestras maletas consignadas en la terminal y que con un simple maletín de mano cogiendo el barco podíamos ver un mundo completamente distinto por un par de días al menos.

Las convencí al fin e hicimos eso y nos embarcamos en el susodicho barco que como me había dicho aquel señor cruzó el Mediterráneo apaciblemente viendo como desaparecía la costa de España a medida que nos acercábamos a África.

Al llegar a Tánger, ¡qué clase de miedo y susto pasamos! Todo el mundo gritando en árabe, no en español o inglés o en francés (que en aquella época hablábamos las tres) cosas que no entendíamos... En eso oímos la voz de un español viejo gritándonos "Con quien vinisteis???" Al decirle que éramos nosotras tres solas nos empezó a decir: "estais locas"..., "queréis que os maten"...,"no sabéis que hay revueltas contra los franceses"..., "ellos no saben distinguir entre españoles y franceses y anoche mataron a una familia entera para que se vayan del país todos los europeos".. Está de más decir que las tres nos pusimos más que nerviosas y le dijimos que queríamos dar la vuelta y regresar en el barco en el que habíamos venido.

Desgraciadamente el barco no regresaría a España hasta el otro día. Yo me puse a llorar porque pensé que por mi culpa estábamos en peligro y no sabía qué hacer. Entonces el viejo español nos dijo que nos iba a llevar a un hotel seguro y céntrico cuyo dueño era español y nos podría proteger hasta el día siguiente, y allá nos fuimos, era el Hotel Minzah, una maravilla, enorme, precioso y lujoso, lo cual me preocupó porque íbamos a tener que pagar mucho dinero por la estancia allí y yo me merecía el castigo pero Ana y María Julia no... Pero en fin, la cuestión era estar seguras hasta el día siguiente. El viejo chofer le explicó al dueño lo de "estas locas" y él entonces nos aseguró que allí íbamos a estar tranquilas y seguras. Entonces el viejo chofer se fue.

Era por la mañana y la perspectiva era estar encerradas en el hotel todo el día hasta el siguiente en que podíamos coger "La reina del África" de vuelta a España. El dueño del hotel nos dijo que el tenía guías de los que respondía, seguros, respetuosos, y conocedores de Tánger, y que si queríamos ver la ciudad que él nos garantizaba que podíamos ver bastante de Tánger y que no íbamos a tener ningún problema o riesgo. Yo, por supuesto, enseguida pensé que si ya estábamos allí y el dueño del hotel que era español nos decía eso era porque estaba bien seguro, pero me quede callada sin embargo pues tenía tremendo complejo de culpa por ser tan aventurera. María Julia, que era mucho mayor que Ana y que yo, y muy sensata, pensó lo mismo y nos dijo "bueno vámonos a conocer Tánger con el guía que nos recomiende este señor". Le informamos a él nuestra decisión y al rato se apareció un árabe que debía de medir 6 pies y 6 pulgadas y con su batilongo largo y el típico gorrito que ellos usan diciéndonos que él era nuestro guía y chofer y así emprendimos nuestro tour.

Nos llevó por las mejores calles y visitamos el palacio del Sultán con su harén, por supuesto. Allí nos brindaron té que ellas tomaron, pero yo no. La verdad era que tenía miedo todavía y quería tener la cabeza clara por si acaso le habían echado algún brebaje al té que ellas se tomaron. De allí, y a pie, nos metió por el zócalo, que es el mercado de ellos, sumamente pintoresco y lleno de maravillas de prendas, artesanía y tejidos etc., pero las tres pensamos lo mismo que no íbamos a comprar nada ya que no queríamos sacar el dinero ni hechas picadillo. Caminando por entre las calles con él llevándonos de la mano, vimos como una procesión con un señor acostado con una túnica blanca, que llevaban en lo alto varios hombres y que iban como cantando. El guía nos dijo que era un muerto que llevaban ¡a enterrar! De allí nos llevó a pasar por delante de la casa de una actriz de Hollywood muy conocida (cuyo nombre no recuerdo) que vivía en Tánger rodeada de otras residencias importantes de artistas.

Al terminar la visita por la ciudad nos montamos en el carro otra vez y él nos dijo que nos iba a llevar a ver la preciosa cueva de Hércules que tenían en Tánger y que estaba un poco en las afuera. Por más que le dijimos "no, gracias" no nos hizo caso y arrancó para allá. Está de más decir que nos pasamos todo el viaje rezando, y cuando paró para enseñárnosla, la miramos desde la entrada. A través de ella y al fondo se veía el mar bien bonito sin duda y se la celebramos mucho pero le dijimos que ya nos podía llevar al hotel porque estábamos muy cansadas. Fué tanto el susto que teníamos que al llegar al hotel ni ellas ni yo recordábamos entonces como se llamaban las famosas y susodichas cuevas. Solo después de un tiempo lo hicimos, les llamaban las Cuevas de Hércules.

Al regresar al hotel le pagamos al guía lo que nos pidió y habíamos ajustado de antemano. Era tanta la alegría de vernos salvas y sanas que yo, al despedirnos lo abracé, cosa que le pareció muy inapropiado porque se insultó, casi que me pega y rezongó en voz baja que sé yo cuántas cosas que por supuesto no entendí. Con los años aprendí que los musulmanes le tienen prohibido a las mujeres tocar a los hombres públicamente y mucho menos abrazarlos si no son su familia.

Le dimos las gracias al dueño del Minzah por habernos propiciado ese tour, cogimos las llaves de nuestro cuarto y nos metimos allí dispuestas a no asomar las narices ni a la esquina. Nos habían dado una suite de dos habitaciones y yo estaba supuesta a dormir en la segunda, pero cuando vimos que esa tenía un balcón que daba a un patio interior María Julia se negó a que nos separáramos. No sólo eso, sino que corrimos dos butacones gigantes para ponerlos detrás de la puerta que daba al balcón para estar seguras que nadie entraría por allí. Al final Ana y yo dormimos en la cama grande y María Julia en la individual.

Después que nos bañamos y relajamos pedimos unos sándwiches para comérnoslos en el cuarto y ver si podíamos dormir para despertarnos bien temprano al otro día para coger el barco de regreso a España.

A la mañana siguiente pagamos el hotel y como pensamos que el desayuno sería muy caro en el Minzah nos fuimos al Café de la Paix que estaba casi enfrente en una especie de placita. No habíamos terminado casi de desayunar cuando tuvimos la sorpresa de que nuestro "amigo" el viejo chofer que tanto nos había regañado vino a buscarnos para llevarnos al muelle y coger el barco de regreso a España.

Está de más decir que cuando nos vimos de nuevo en Algeciras fuimos a una iglesia a darle gracias a Dios porque no nos había pasado nada malo, aunque todavía estábamos como alteradas al darnos cuenta del riesgo que habíamos corrido.

La magnitud de mi locura en convencer a Ana y María Julia para ir a Tánger la calibramos cuando en Málaga tres días después el periódico local anunciaba que una bomba había explotado en el Café de la Paix de Tánger la tarde anterior... Yo casi que tuve un ataque de nervios... pero la verdad es que ni Ana ni María Julia me lo recriminaron jamás.

Lo último que recuerdo de esa maldita aventura es que cuando le escribí a mis padres que habíamos ido a Tánger (por supuesto sin decirles todo el riesgo etc que habíamos corrido) recuerdo que mi pobre padre sin recriminaciones solo me escribió "hija más nunca cambien el recorrido que planearon sin decírnoslo antes porque si les pasara algo, ¿cómo nos vamos a enterar nosotros estando tan lejos?... Creo que estuve llorando de vergüenza por largo rato...

Solamente de regreso a Cuba y con el correr de los días le conté, pero solamente a mi padre, la magnitud de lo que había pasado y mi culpa. Ambos pensamos que a mi madre le teníamos que ahorrar ese susto retroactivo.

10
El polifacético

En 1957, como ya he explicado, María Julia, Ana, Tita y yo estuvimos en España. Mientras que Tita estaba en Oviedo, después de pasarnos una semana en Sevilla, decidimos seguir viajando por Andalucia, esta vez le tocaba a Málaga. No voy a contar las cosas que vimos, que muchas fueron, porque tendría que ir a la guía de ella por no recordar los detalles, pero lo que sí recuerdo fue la experiencia tan simpática que tuvimos en el hotel donde nos hospedamos.

Llegamos de la estación del tren y nos encontramos con un jardín precioso lleno de flores por todos lados y al fondo del cual se encontraba un hotel no muy grande pero bello también. Nos paramos en el jardín porque nos impresionó y nos encantó el agradable olor a rosas. En eso se apareció "el jardinero" en un overall, al que le celebramos mucho su obra. Seguimos un poquito más contemplándolo hasta que llegamos al mostrador del hotel para inscribirnos y que nos dieran nuestro cuarto. La gran sorpresa fué que "el jardinero" se había cambiado de ropas y era el que nos daba la bienvenida y las llaves.

La verdad es que las tres nos preguntamos cómo había llegado antes que nosotras y además cambiado de ropa, pero en fin...

Después de darnos las llaves e indicarnos donde estaba nuestra habitación cargó con las tres maletas y hasta ella nos llevó. Solo recuerdo que la habitación nos encantó, pues era amplia y muy alegre. Al marcharse él nos dijo la hora en que servían las cenas que con el desayuno teníamos incluidas.

Por la noche, después de pasarnos casi el día entero recorriendo la ciudad, nos arreglamos para ir a cenar... y... ¡sorpresa! allí estaba él, como el camarero que nos iba a servir. El comedor no era muy grande pero había varias mesas ocupadas y él aparentemente estaba solo. Después que elegimos lo que íbamos a comer el desapareció y nosotros nos dijimos que el pobre seguro que iba a cocinar... Por más que mirábamos a ver si había más personas trabajando allí no veíamos a nadie...

Después de comer no quisimos "hacer sobremesa" porque pensamos que el pobre hombre tenía que recoger el comedor y luego seguramente que fregar los platos también.

Al otro dia al salir de la habitación para prepararnos para seguir con nuestra visita a la ciudad nos preguntamos que si el pobre hombre también tendría que hacer las camas y recoger los cuartos.

Cuando fuimos a desayunar, ¡sorpresa! allí estaba el otra vez de camarero, cogiéndonos la orden y desapareciendo seguramente para prepararnos lo que habíamos pedido. Ya esa altura nos tenía partido el corazón... Nos preguntábamos que ¿cómo era posible que ese hotel que no era tan pequeño y tenía al menos como doce huéspedes tuviera tan dolo a ese infeliz fungiendo de jardinero, oficinista, maletero, camarero y cocinero?

Sin embargo, respiramos felices cuando se apareció una muchacha con nuestras órdenes y se identificó como la esposa del pobre señor. Ella nos contó que con su hermana y el esposo de ésta (que trabajaba allí también pues era un negocio familiar) habían tenido que ir a un pueblo cercano a atender a otra hermana que había tenido un bebé.

Ya respiramos tranquilas de que el pobre hombre al que bautizamos con el nombre del "polifacético" no tendría que estar corriendo más de un lado a otro como un loco.

Matilde Álvarez

11

Otra vergüenza más

Estando en Madrid con Ana y María Julia en este viaje del que he hablado ya, y casi recién llegadas, unos amigos de María Julia de la Acción Católica Española nos invitaron a ir a esquiar a Nava Cerrada, en las afueras de Madrid. Ellas decidieron ir a la excursión y ver a sus amigos esquiar. Yo siempre medio aventurera decidí que yo trataría de esquiar por primera vez en mi vida si no había peligro (¡!) me explicaban cómo hacerlo y me podía alquilar los esquíes. Con esta idea mía en mi cabecita solamente, allá nos fuimos luego de reunirnos todos en Correos, al lado de la Cibeles.

Cuando compartí con el grupo lo que quería hacer, los amigos madrileños se pusieron contentos de que una de nosotras intentara esquiar y nos llevaron a donde pude alquilar el equipo. Ellos decidieron bajarnos de las telesillas en la primera parada desde donde se podía esquiar una loma ni muy pendiente ni de muy largo trayecto y donde había como una terraza desde donde ellos me podrían ver. Todos le aseguraron a María Julia que no había peligro y que seguro seria una experiencia estupenda para mí.

Allá nos fuimos todos. El grupo esperava a verme desde la terraza y yo ya estaba decidida con mis esquíes a emprender mi aventura. Me explicaron lo más elemental para esquiar y allá me fui… Veía claramente la ladera de esa parte y me empecé a deslizar felicísima. Pero apenas había salido disparada se produjo una especia de ventisca que me quito la visibilidad para ver por dónde iba y fue el susto tan grande que hice lo que no se debe, me eché para atrás y levanté los palos y empecé a rodar el tramo final sentada. Por si fuera poco el papelazo que estaba haciendo empecé a oír al grupo entero a gritar algo que para ellos es muy corriente... ¡ah Matilde está bajando de culo! Los oí perfectamente y me preguntaba como los iba a mirar a la cara de nuevo.

Todos ellos se montaron en las telesillas para bajar a reunirse conmigo. María Julia solamente me preguntaba si estaba bien y ellos a coro solamente decían ¿Cómo no va a estarlo si bajó de culo y lo tiene grande? María Julia dándose cuenta de cómo me sentía yo enseguida dijo "bueno vámonos en las telesillas otra vez bien arriba para verlos a todos ustedes esquiar". Y se volvió hacia mí y solo me dijo bajito "ni se te ocurra..."

12

No paran las vergüenzas

En ese viaje del que he hablado en 1957 María Julia y Ana se quedaron en España y Tita y yo nos fuimos en una excursión fabulosa que empezaba por el sur de Francia y que al final terminaba en París.

Uno de los maravillosos pueblos que visitamos era Limoges, donde hicimos noche. Al ir a desayunar los famosos croissants y chocolate me encontré en la mesa una jarrita chiquitica preciosa de esa famosa porcelana. En la visita no nos habían dado tiempo a comprar nada y yo me sentía bien frustrada por ello. Quiero aclarar que siempre he sido enemiga de cogerme souvenirs o cosas de ningún lugar porque me parecía una frescura y algo bien feo. Dicho esto tengo que confesar que la tentación con la jarrita fue mayor que mis escrúpulos.

Tita me dijo que teníamos que ir al baño antes de salir otra vez por carretera y para no cargar con los maletines de mano los dejamos en la mesa. En mi caso tontamente sin darme cuenta que me estaba delatando puse la jarrita al lado de mi maletín haciendo obvio el hecho que planeaba llevármela.

Cuando regresamos a la mesa me encontré una notica de puño y letra del camarero diciéndome que "ya que le ha gustado tanto la jarrita se la regalo con mucho gusto para que siempre me recuerde"...

No puedo describir la vergüenza que pasé y aunque no lo pude encontrar para pedirle perdón la verdad es que me la llevé. Aunque a él no lo recuerdo, sí recuerdo que me llevé algo que no era mío y esa vergüenza sí la recuerdo.

Matilde Álvarez

13
Tremendas compras

En ese viaje a Francia Tita, que había vivido en París algunos meses con sus hermanos, quiso complementar las excursiones que teníamos y enseñarme algunos de sus lugares favoritos. Entre ellos me llevó a una tienda fabulosa llamada Les Printemps. Tenían muchas cosas distintas a las que teníamos en la Habana y yo me volví loca en ella.

Yo no quería gastar mucho porque me daba pena con mis padres y pensé muchísimo para escoger dos cosas que me gustaran especialmente. Al fin me decidí y me compré unos espejuelos de sol muy distintos a los que yo tenía y un par de zapatos blancos y negros muy modernos y no vistos en Cuba.

Guardé los zapatos después de la primera vez que me los puse, pues no quería estropearlos. Luego, por supuesto, quise estrenarme también los espejuelos y me los puse para una de las excursiones.

Al llegar de vuelta al hotel me di cuenta que ¡los había perdido! Me dio un soponcio pero ya era muy tarde.

¡Ah!, y cuando llegué a Cuba para exhibir los zapatos me encontré que con el frio en París me quedaban bien pero con el calor en la Habana no me servían...

Había hecho tremendas compras...

Sin embargo de ese primer viaje a Francia me quedó un bello collar dorado que aún conservo, pues al ser de fantasía pude sacar de Cuba. Lo he guardado todos estos años como un hermoso recuerdo de mi tan querida Tita, que me lo compró en París sin que yo me enterara y me lo regaló al final del viaje. Tita Alberú fué sin duda el mejor regalo de Dios que tuve en ese viaje.

14
Turi

Como ya he dicho anteriormente siempre quise tener un perro, pero mi madre estaba renuente a ello por como la había afectado la muerte de su amado perrito Dick.

Alberto y yo éramos novios entonces y estábamos a punto de casarnos. Él me había mencionado en una ocasión que también siempre había querido tener un perro pero que nunca lo había tenido.

Pues bien, en aquella época al haberse cerrado el Museo Nacional y abolido el departamento de arte en el que yo era una de las especialistas, empecé a trabajar en el Instituto Nacional de Turismo como redactora de la información turística de Cuba.

La oficina donde yo trabajaba estaba en una sede temporal a una cuadra del Paseo del Prado y tenía unos ventanales inmensos que daban a los soportales y acera. Resulta que hubo unos días de una lluvia inmensa y un perrito blanco y negro muy gracioso y aparentemente abandonado se apareció allí y lo veíamos todo mojado y pasando hambre aunque varios de nosotros le dábamos agua y alguna comidita. Como al tercer o cuarto día ya yo no podía soportar verlo abandonado y tan solito. Se me ocurrió preguntarle a Alberto si él creía que yo lo podía adoptar para llevárnoslo cuando nos casáramos en Julio. Enseguida me dijo que sí y entonces decidimos que yo iba a hablar con mi padre para que nos dejara tenerlo en mi casa de soltera hasta entonces. Como mi padre también nos secundó enseguida yo hice planes para llevarme al perrito para casa.

Al día siguiente ya tranquila con el apoyo de mi padre y de Alberto me llevé una toalla grande para envolverlo cuando lo fuera a traer a casa pues el pobre perrito estaba todo sucio y hecho un asquito. Cuando por la tarde terminé mi trabajo salí a cargarlo (cosa que le encantó pues me conocía) y entonces descubrí que era una perrita. Le gustó que la envolviera con la toalla y así con ella cargada me fui caminando a casa. Le puse por nombre Turi por la oficina de Turismo donde ella había aparecido.

Cuando llegué a casa encontré que por suerte mi madre había salido y no estaba en casa. Yo no quería que la viera tan sucia y fea. Mi padre que sí estaba en casa en cuanto la vio me dijo, "hay que bañarla enseguida para que luzca mejor cuando tu madre la vea". Pero esas cosas que pasan y en las que uno no tiene control, en ese mismo momento llegó mi madre y se encontró a la Turi que era la misma estampa de la herejía en el piso de nuestra sala, y empezó a gritar "se ha metido en la casa un perro sarnoso". Turi que ya de por sí estaba medio azorada se mandó a correr para el patio, temblando.

Por suerte, mi padre que era tan ecuánime le dijo, "no Lucía, no es un perro sarnoso, sino una perrita infeliz que los muchachos (refiriéndose a Alberto y a mí) van a adoptar y llevarse cuando se casen este próximo Julio. Y ahora la vamos a bañar y veras que bonita es". Yo la fui a buscar al patio y la cargué y procedimos a bañarla con mi shampoo para que estuviera perfumada también. Ella era muy buena y tranquila y a la pobrecita pareció gustarle que la bañáramos. Cuando Alberto salió del trabajo por la tarde pasó por casa para verla y Turi se fascinó con él inmediatamente.

Turi era muy apegada a mi padre tal como si supiera que él había dejado que yo la adoptara y la había defendido cuando llegó a nuestra casa. Tan apegada a él estaba que aunque estaba detrás de mí durante el día, por las noches ella dormía en el cuarto de mis padres al pie de la cama, del lado de él. Al final, mi madre por supuesto también le cogió cariño a Turi y la acariciaba, aunque en más de una vez la oí decirle bajito "no me quiero encariñar contigo para que lo sepas"…

Tengo un recuerdo muy especial de Turi relacionado con Alberto. La casa de mi padre estaba en la Habana Vieja, en la calle Tejadillo entre Habana y Aguiar. Cuando Alberto venía en su carro a verme por las noches, él doblaba hacia Tejadillo en San Ignacio, cruzaba Cuba, después Aguiar y llegaba a casa, que estaba casi en la esquina hacia la calle Habana.

Yo empecé a notar que cuando Turi se paraba en la puerta de la calle por las noches, después de un rato llegaba Alberto. Lo hizo tantas veces que una noche en cuanto la ví ir a la puerta de la calle me asomé a la ventana a ver si era que venía él. Pues sí, y lo mejor del caso es que ella lo sentía desde que el doblaba hacia Tejadillo a tres cuadras de nuestra casa. Y que conste que no era porque el carro de Alberto hiciera bulla alguna, porque era nuevo y silencioso. Está de más decir que de ahí en adelante yo iba a la ventana a esperarlo porque ella me avisaba cuando él venía.

En varias ocasiones Turi fue de visita a casa de Alberto y disfrutó mucho correteando en el jardín de su casa en Cojimar. Sin embargo, en una ocasión Alberto me llamó para darme las quejas de que Turi se había escapado por debajo de una de las puertas de la cerca y que el había recorrido medio reparto buscándola hasta que la encontró muy campante visitando a los vecinos. Está de más decir que ahí mismo bajaron las puertas de la cerca para que ella no se pudiera ir otra vez de excursión por el barrio.

Tristemente, Turi murió pronto, pero mientras estuvo en nuestra casa fuimos muy felices con ella y ella disfrutó de mucho, mucho amor y cuidados. Ella fue nuestra primera perrita.

Curriculum Vitae de Matilde L. Álvarez

Cuba: Títulos

- (1952) Bachiller en Letras –Colegio del Sagrado Corazón de Jesús
- (1956) Doctorado en Filosofía y Letras, Universidad de la Habana, Cuba
-

- Estados Unidos: Títulos
- (1974 - 1984)Certificado de Maestra para Junior College #373581 nivel
- 5-034 –Dpto. de Educación de la Florida
- (1985) – Master of Sciences in Human Services – Summa Cum Laude
- Nova University

Trabajo en los Estados Unidos

- (1967-1997) Dpto. de Salud y Servicios de Rehabilitación, de Trabajadora Social a Administradora y en los últimos 15 años Consultante de la División de Entrenamiento del Dpto. de Salud Publica de los condados de Dade y Monroe.
- (1979) Seleccionada por un tribunal de administradores del Dpto. para representar al Distrito 11 (Dade y Monroe) en el programa estatal de tres años, "Management Fellows", diseñado para preparar lideres para dirigir el Departamento.

- (1990) Fue la primera administradora aprobada por el Florida Board of Nursing con una maestría distinta a la de las enfermeras para otorgar créditos educacionales (CEU's)a ellas a través de los programas de instrucción que diseñó y presentó su División de Entrenamiento del Dpto. de Salud Publica.

- (1993) Fue la primera ejecutiva del sector público en obtener el premio "Davis Productivity Award", diseñado para el sector privado, "por sus contribuciones a mejorar la labor y productividad de los empleados del Dpto. de Salud Publica.

- Ha sido conferencista en distintos tópicos educacionales, culturales, de administración y del servicio social en las universidades: Florida International, St. Thomas, University of Miami, Miami Dade College y en diversos centros de servicios comunitarios.

- En su carrera recibió 35 certificados y 8 placas en reconocimiento por sus contribuciones, de Tallahassee la ultima en 1998, al retirarse, "por haber sostenido un extraordinario liderazgo creativo durante toda su carrera en el departamento"

- Del 2008 and 2010 fue la asistente del Sr. Manuel Muñiz, Presidente del Instituto Cultural Hispanoamericano de la Universidad de Miami que presentaba conferencias culturales semanales en el Koubeck Center y donde ella dicto seis de ellas.

- En Junio del 2012 publicó su primer libro "Perfumes del Mar y mis Recuerdos", presentado en la Casa Bacardi, del Instituto de Estudios Cubanos y Cubano-Americanos de la Universidad de Miami.

- En Abril del 2013 publicó su segundo libro "Encuéntrate conmigo en las Estrellas" que fue presentado también en la Casa Bacardi, del Instituto de Estudios Cubanos y Cubano-Americanos (ICAAS) de la Universidad de Miami.

Matilde Álvarez